10~18岁青春叛逆期，父母引导女孩的沟通细节

图解版

雷尖◎编著

中国纺织出版社有限公司

内 容 提 要

青春期的女孩，身体发育迅速，心理激荡不安，容易叛逆、和家长较劲、厌学、难沟通、难引导。

本书是一部"女孩青春期教育全书"，全面指导家长当好青春期女孩的良师益友：培养女孩阳光性格，提高女孩人际交往能力，巧妙处理女孩早恋问题，疏导女孩的抑郁、自卑、悲观、浮躁等消极情绪，培养女孩自控、自立、勤奋、谦虚的良好品质，教女孩懂得如何爱护自己、保护自己，主动远离各种不良诱惑……全面、正确地引导父母帮助女儿顺利度过人生这一关键时期。

图书在版编目（CIP）数据

10~18岁青春叛逆期，父母引导女孩的沟通细节：图解版/雷尖编著. ——北京：中国纺织出版社有限公司，2021.4
ISBN 978-7-5180-7614-7

Ⅰ. ①1… Ⅱ. ①雷… Ⅲ. ①女性—青春期—家庭教育—图解 Ⅳ. ①G782-64

中国版本图书馆CIP数据核字（2020）第123011号

责任编辑：张 羽　　责任校对：高 涵　　责任印制：储志伟

中国纺织出版社有限公司出版发行
地址：北京市朝阳区百子湾东里A407号楼　邮政编码：100124
销售电话：010—67004422　传真：010—87155801
http://www.c-textilep.com
中国纺织出版社天猫旗舰店
官方微博http://weibo.com/2119887771
三河市延风印装有限公司印刷　各地新华书店经销
2021年4月第1版第1次印刷
开本：880×1230　1/32　印张：7
字数：102千字　定价：39.80元

凡购本书，如有缺页、倒页、脱页，由本社图书营销中心调换

前 言
preface

青春岁月如鲜花般美丽，如钻石般珍贵。然而，青春期的女孩有花一样的娇美，也有无所不在的叛逆之心。于是，父母迷茫了，该如何引导青春期的女孩呢？

曾经活泼开朗的女孩，现在变得多愁善感；曾经乖巧听话的女孩，现在变得叛逆；曾经与男同学扎堆儿的女孩，现在却谈恋爱了……面对青春期女孩的变化，父母感到手足无措，他们很想成为女孩人生路上的引路者，却不知从何处着手。

女孩进入青春期，身体慢慢出现变化，她们脸上长出了"痘痘"，"好朋友"开始光顾……许多女孩开始陷入困惑。西方心理学家将青春期看作是女孩发展的危险期。女孩到了青春期，身心发展充满着各种矛盾，她们的儿童心理模式被打破，而成人心理模式又尚未完全建立。

青春期是一个儿童走向成人的过渡期，意味着女孩将离开父母、家庭的监护，摆脱对成年人的依赖，成为独立的个体，是心理断乳的关键时期。在这一时期，女孩的精神生活充满矛盾和冲突，处在一种十分不稳定、不平衡的状态，经常会被情绪困扰。青春期处在竭力摆脱童年时期的幼稚状态，是向成熟社会化的快速发展、过渡的时期。在这一时期里，女孩的意志、个性、能力、品质等人格因素得到充分发展，其发展结构对女孩未来的学

业、事业、婚姻、家庭等方面能够造成重大影响。

青春期不但是女孩身体发生重大变化的时期,更是女孩学习能力的快速提高期。这一时期,女孩的记忆力超强,她们总是将注意力集中在自己感兴趣的事情上,并且十分专注。假如父母可以引导女孩将学习当作兴趣,那么青春期女孩的学习成绩会迅速提高。

在青春期,父母应该以什么样的方式对待女孩呢?教育专家认为,堵不如疏,管不如爱,教育不如引导。假如父母不能正确对待女孩这种独立性的需求,她的逆反情绪及行为就会慢慢演变成逆反性格,影响其未来的生活。作为青春期女孩的父母,应尊重和保护女孩的独立性,理解和宽容女孩的过失,倾听女孩渴望自由的心理倾向,支持女孩的愿望和理想,鼓励女孩做自己喜欢的事情,引导女孩的自主性、独立性朝着健康的方向发展,使青春危险期转为安全期。

本书是一本关于如何引导青春期叛逆女孩的书,分别从心理、身体、性格、沟通、人生观、价值观等方面阐述青春期女孩的各种问题,并给予了心理指导。文中所选取的都是青春期叛逆女孩的生活案例及父母的担忧与烦恼,以"分析案例—教育、心理双管齐下—心理指导"三步为策略,致力于为各位父母出谋划策,从而有效地引导青春期女孩的健康成长!

编著者
2020年10月

目录

第1章 进入青春叛逆期，别让女孩对你关上心门 _001

"为什么我总那么悲观"
——引导女孩摆脱消极情绪 _003

"我现在不想跟你说话"
——引导女孩摆脱抑郁心理 _006

"我总是感觉身心都很累"
——帮助女孩缓解青春期压力 _010

"我对他有莫名的好感"
——引导女孩轻松度过异性眷念期 _013

"我讨厌成绩大排队"
——帮助女孩宣泄学习上的压力 _017

第2章 了解青春叛逆期的特点，引导女孩塑造阳光性格 _021

"我不再是小女孩了"——渴望独立的女孩 _023

"我控制不住自己"——情绪多变的女孩 _027

"我总是不能被理解"——孤独的女孩 _030

"跟他人比我很不起眼儿"——自卑的女孩 _034

"我就是很讨厌她"——嫉妒的女孩 _037

第3章 解析青春叛逆期的行为，引导女孩的叛逆和桀骜不驯 _043

"我也有说话的权利"
——如何应对与女孩的争辩 _ 045

"偷看日记是不法行为"
——如何谨慎对待女孩的隐私 _ 049

"我不想听"
——如何应对女孩的对抗情绪 _ 053

"我讨厌老师"
——如何应对女孩仇视老师的心理 _ 057

"我讨厌你管着我"
——如何管教处于青春期的女孩 _ 061

第4章 掌握青春叛逆期的教育要点，选用恰当的方法不和女孩较劲儿 _067

推动孩子自立——不要对女孩溺爱 _ 069

青春期遇上更年期
——如何帮助女孩走出心理怪圈 _ 073

叛逆女遇上唠叨妈
——避免对女孩过度说教 _ 077

针尖对麦芒
——如何化解与女孩之间的矛盾 _ 080

目 录

亲子关系紧张

——如何升温与女孩的关系 _085

第 5 章　看透青春叛逆期的早恋心理，

为女孩建立正确的恋爱观 _091

"我对异性朋友有莫名的好感"

——对女孩做好早恋的预防工作 _093

"我喜欢他，但他不喜欢我"

——引导女孩走出寂寞单恋 _096

"我的心思不在学习上了"

——别让早恋影响女孩的学习 _099

"我失恋了，我很心痛"

——帮助女孩走出失恋阴影 _102

"他向我表白了，我该怎么办"

——指导女孩正确应对异性的追求 _106

"我对英俊的男老师有莫名的好感"

——引导女孩正确看待对老师的崇拜 _109

第 6 章　解开青春叛逆期对性的困惑，

引导女孩树立自我保护意识 _113

别让女孩从不良渠道了解性

——青春期性教育的方法 _115

性的问题如何对女儿说出口

　　——对女孩进行性教育的方法　_ 119

性行为对少女的危害

　　——如何对女孩进行避孕知识的教育　_ 124

别让月经问题困扰孩子

　　——陪伴女孩度过第一次初潮　_ 126

别让懵懵懂懂的性感觉害了孩子

　　——如何面对女孩的自慰行为　_ 130

第7章　摆脱对网络的依赖，引导女孩不要沉溺于网络　_135

"我喜欢玩电脑"

　　——女孩为什么喜欢虚拟网络　_ 137

"我每天都想跟他聊天"

　　——如何应对女孩沉溺于网络聊天　_ 140

"我喜欢玩网络游戏"

　　——如何帮助沉溺于网络游戏中的女孩　_ 143

"我只有上网才会激情澎湃"

　　——如何引导女孩将精力转向别处　_ 146

"我很孤独"

　　——引导女孩走出一个人的网络世界　_ 150

目 录

第 8 章　克服人性的弱点，培养女孩的责任心和自信心　_153

"我很自卑"——赋予女孩自信心　_ 155

"这不是我的错"——让女孩勇于承担责任　_ 159

"我坚持不了"——培养女孩的意志力　_ 162

"不会洗衣服"
　　——让女孩做些力所能及的家务　_ 166

"我需要你替我做主"
　　——培养女孩自主的意识　_ 169

第 9 章　青春叛逆期的沟通方式：
　　　与叛逆心很强的女孩的沟通技巧　_173

"我是女孩子"
　　——与女孩子沟通，应多夸奖　_ 175

"我需要被理解"
　　——沟通从倾听女孩的心声开始　_ 179

"不要总说为了我好"
　　——给女孩与自己平等沟通的语境　_ 183

"你真正了解我吗"
　　——与女孩沟通之前先要了解她　_ 187

"你就只关心我的学习吗"
　　——鼓励和微笑才是最佳的沟通方式　_ 190

第10章 青春叛逆期学习引导：要培养女孩良好的学习习惯 _195

怎么提高学习效果

——帮女孩制订高效的学习计划 _ 197

老师讲的孩子印象不深

——帮助女孩做好课前预习 _ 201

孩子对某一科特着迷

——治疗女孩偏科的小"偏方" _ 204

为什么她的理科学不好

——增强女孩对理科的"免疫力" _ 207

女孩的学习越盯越差

——女孩厌学，父母有妙招 _ 210

参考文献 _214

第1章

进入青春叛逆期,别让女孩对你关上心门

人们常说,青春期是心理问题成堆的时期,处理好这些问题,既需要青春期女孩子自身的心理调节,又需要父母的关心和疏导。当然,父母只有了解了青春期女孩的叛逆心理,才可以对症下药。

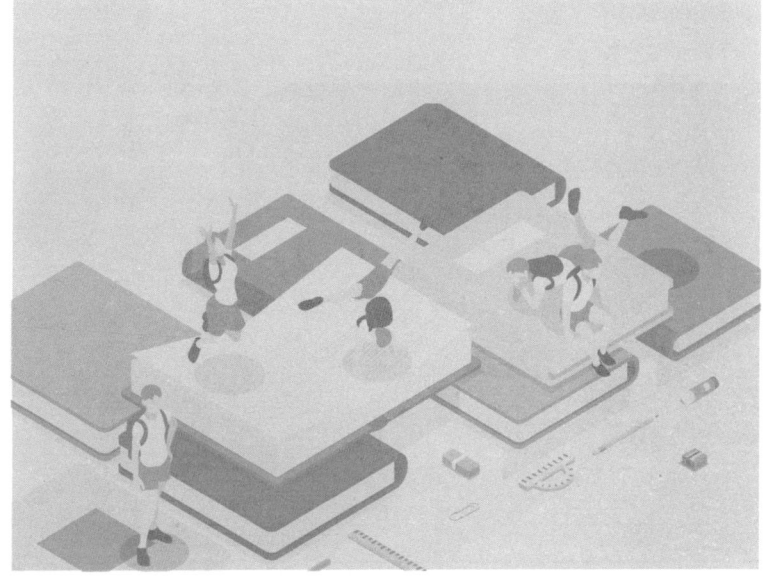

"为什么我总那么悲观"
——引导女孩摆脱消极情绪

家长的烦恼

杨妈妈的女儿文文今年14岁,她比较敏感,性格比较外向,比较恋旧,跟老同学、好朋友分别时总会舍不得。四年级转学之后,文文总是想念过去的老同学,不喜欢与新同学交往,直到一年之后才渐渐融入新的班级。即便上了初一之后,也总是念叨小学同学,认为初中同学比不上小学同学,似乎又要很长时间才能适应新环境。

最近杨妈妈发现女儿十分消极,很是悲观,懒得学习,没有一种积极正确的人生观,经常流露出人终究是要死的,无论怎么努力都没有用,不管自己如何努力,最后都是一样的结局。杨妈妈经常听到女儿说:"妈妈,我不想你们死,不想爷爷、奶奶离开我们,人如果永远不死就好了。"杨妈妈感到很无奈,这孩子究竟是怎么了?

青春期的女孩动不动就喜欢说"不",而且经常是你说什么她都会说"不"。心理学研究表明,这是孩子独特的表示自

003

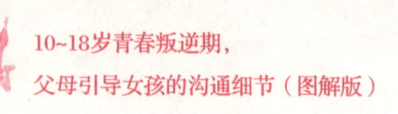

立的正常方式。当孩子开始说"不",是他形成自我认知的开端。而当生活里的某些事情或某些要求与其个体的兴趣、需要和愿望等不一致的时候,孩子就会产生消极情绪,诸如抵触、对抗、哭闹等。

与成年人一样,孩子的情绪也有消极和积极之分。在孩子大约1岁左右,他们的情绪就开始分化;2岁时出现各种基本情绪,也就是生气、恐惧、焦虑、悲伤等消极情绪和愉快、高兴、快乐等积极情绪。积极的情绪对孩子的身心发展可以起到促进作用,有助于发挥孩子内在的潜力;消极的情绪则可能让孩子心理失衡。

心理支招

对青春期女孩而言,产生情绪是一件很正常的事情。当一个成年人发脾气的时候,旁边的人会安慰他,或者会知趣地离开他。但是,当一个女孩发脾气的时候,她却常受到父母的斥责,甚至是挨打,这其实是极不公平的。所以,一旦女孩有了消极情绪,父母需要做的是理解、帮助,而非责备、训斥。

1. 引导女儿宣泄消极情绪

心理学家认为,孩子在生活中产生的消极情绪,应以合适的渠道发泄出去。情绪一旦产生,宜疏导而非堵塞。当孩子遭遇难过的事情,宣泄出来,可以减轻精神上的压力。所以,在现实生活中,当女儿遇到挫折或感到不愉快的时候,父母可以

让她不受压抑地通过言语或非语言的方式表达自己的情绪，这样可以减轻女儿心理上的压力。

2. 理解女儿

在女儿生气的时候，父母可以用温和的语气开导她，让她知道父母了解她的感受。父母可以告诉女儿，生气时可以做什么，不能做什么，允许她以合适的方式宣泄情绪。在适当的时候，多给女儿讲一讲自己在面对人生的挫折和艰难困苦时，是如何解决困难和战胜挫折的。毕竟女儿年龄比较小，很少经历创伤和挫折，在这方面父母就是孩子的榜样。若是父母能跟女儿多聊这方面的话题，势必会对她产生积极的影响。

3. 引导女儿说出真心话

倾诉是一种合理的方式，父母可以引导女儿把她在学习中遇到困难或挫折时的感受告诉自己，同时给予她同情、理解、安慰和支持。孩子对父母有很大的依赖性，父母对女儿表现出的同情或宽慰能够缓解甚至消除孩子的紧张情绪。即便是在女儿倾诉的内容不合理的情况下，父母也要耐心地听下去，至少应保持沉默，等女儿倾诉完毕后，再与她讲道理。

4. 善于发掘女儿的优点

父母要善于发掘女儿的优点，同时将这些优点与女儿熟悉或崇拜的先进人物、英雄人物的优点相比拟，让她在内心认定自己与他们的优点一样，从而引导孩子在思想和行为上向他们学习。当女儿不断发扬自己的优点，同时自我认可和肯定慢慢

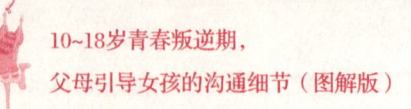

养成习惯之后，其消极的情况就会得到改善。

5. 引导女儿转移注意力

转移注意力，是合理宣泄情绪的最佳途径。父母要让女儿学习在遇到冲突和挫折时，不要将注意力集中在引发冲突或挫折的情境之中，而应尽可能地摆脱这种情境，投入到自己感兴趣的活动中去。比如女儿在玩游戏中与其他孩子发生了冲突，那可以让她去图书馆看会儿书，使其把游戏中积累的负面情绪分散到其他地方。

6. 帮助女儿提高抗挫折能力

父母可以告诉女儿，生活中并不是每件事都会让自己满意，一个人总是会遇到这样或那样的挫折，生气和难过都是没有用的，而是需要有意识地控制自己的情绪，保持冷静。同时父母可以通过带女儿旅游、登山，开阔眼界，增强她的毅力，尽可能帮助女儿形成坚毅、开朗的性格。

"我现在不想跟你说话"
——引导女孩摆脱抑郁心理

家长的烦恼

孩子小升初时是以第一名的成绩入校的。她喜欢玩游戏，

第1章
进入青春叛逆期，别让女孩对你关上心门

结果中考前因紧张焦虑，成绩离重点高中的录取线差20分。上高中以后，她开始讨厌上学。我带着她去看了很多次心理医生，但是她的情况依然没有好转。

基于孩子的这种情况，我只好让她休学在家。后来，她的情况好些了，我让她重返学校，结果学习了不到一个月的时间，她又处于厌学状态了。平时在家里她经常会感到难过，感到无助，在情绪冲动时就摔坏东西，还表现出失眠、心慌、胆小、精力无法集中。在无所事事时只好打游戏，有时提到不如去死可又缺乏勇气。孩子现在这样子，我真是不知道怎么办才好了。

心理学家认为，本案例中的孩子是患了青春期抑郁症。与身边的同龄孩子关系差的孩子更容易患抑郁症，除了人际关系导致的抑郁情绪积累之外，学习压力大、与老师关系差、父母婚姻破裂等，都会对孩子产生很深的影响。

抑郁症主要是指以情绪抑郁为主要特征的情感障碍，它不但包含有郁郁寡欢、忧愁苦闷的负性情绪，而且有怠惰、空虚的情绪表现。人们经常会误以为抑郁症只会发生在有自我意识能力和情感丰富的成人身上，而不会发生在青春期的孩子身上。抑郁对孩子的身心发展非常有害，会使孩子在心理上过度敏感，对外界采取回避、退缩的态度，同时还可造成青少年的身体发育不良。

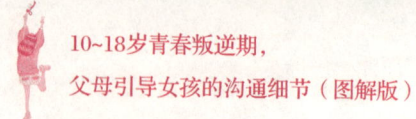

心理支招

青春期孩子的世界应是缤纷多彩的，充满快乐和欢笑的，但是有的孩子在这个美好的年纪却总是郁郁寡欢，经常被抑郁的情绪所侵袭，严重者还会患上抑郁症。无疑，这是一个令孩子和父母倍感痛苦和困惑的问题。作为父母，应该怎么样帮助女儿远离"抑郁"的阴影呢？

1. 为女儿营造温馨的家庭氛围

心理学家认为，良好的家庭关系和家庭凝聚力是女儿健康成长的持久动力。在日常生活中，父母要控制好自己的情绪，以避免自身的负面情绪影响到女儿。学会尊重女儿，顺畅地和女儿进行沟通，为她创造一个亲密、融洽、温馨的家庭氛围，让女儿能体会到家的温暖和具有安全感。

2. 鼓励女儿多结交朋友

父母平时要真诚待人，鼓励女儿多与人交往，教会她与同龄孩子融洽相处，多组织孩子间的情感交流活动，培养女儿广泛的爱好和乐观宽容的性格，学会享受友情的温暖。比如参加运动、游戏、聊天等等。

3. 完善女儿的人格

平时父母需要多发现女儿的优点并恰当地给予表扬和鼓励，从小培养女儿的自信心与应对困境乃至逆境的能力，教育女儿学会忍耐和随遇而安，能在困境中寻找精神寄托。

4. 对女儿适度地进行培养

平时父母要适当给女儿一些自己的时间和空间，让女儿在不同的年龄段拥有不同的选择权。不要对孩子期望太高，不要对女儿过分纵容或苛求，应按照她自身的能力和兴趣爱好来进行培养。

5. 给予女儿积极的心理暗示

假如女儿已经出现了抑郁症状，父母要给予她适时的积极暗示，教导女儿理智地调节自己的情绪，纠正她认识上的偏差。父母可以让女儿做一些令她开心或振奋的事情，让愉快的事情占据女儿的时间，以积极的情绪来抵消消极的情绪，引导女儿适当地发泄内心的郁闷情绪。在必要的情况下，应及时向心理专家进行咨询，并予以积极的治疗。

6. 谨防女儿患上"隐形抑郁症"

假如你的女儿在学校或外面时，非常活泼，而回家后却总是唉声叹气，表现得异常颓废，完全与在外面的情况判若两人，作为关心女儿的父母，就需要考虑女儿是不是患有"隐形抑郁症"的问题了。

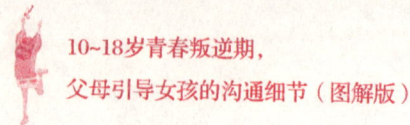

10~18岁青春叛逆期，
父母引导女孩的沟通细节（图解版）

"我总是感觉身心都很累"
——帮助女孩缓解青春期压力

家长的烦恼

最近孩子写了一篇日记，名为《我最喜欢生病》——"我喜欢生病，我最期盼的就是生病。因为生病了，一家人都会把我当公主，我可以为所欲为，却没人责备我。"平时，孩子放学一进家门，就跟我说："妈妈，我今天好累呀，能不能少写点儿作业，少做些题？"孩子真是累了，从进门开始就是一副无精打采的样子，我问孩子："怎么了？"孩子喘着气说："每天作业太多了，我放学一回家就得开始写、写、写……"

上周末我打算带孩子去学小提琴，结果快到老师家门口了，孩子小声央求我说："妈妈，求你别让我学小提琴了，周末我已经上了这么多课了，我要累死了！"看着孩子乞求的眼神和失去了快乐的笑脸，我的心不由得隐隐作痛。

当父母忙于工作而无暇顾及孩子、日复一日地抱怨"心太累"的时候，成人病已经降临到孩子身上了。请别让孩子"心太累"。当你的孩子有这样一些表现时，就有可能是产生了心理疲劳：不喜欢上学、不愿见老师，有的甚至一到上课时间就喊肚子疼；不愿做作业，一提做作业就烦躁，一看书就犯困，不愿翻书本；即便在没有外界干扰的情况下，注意力也不能集中，有的孩子尽管手里拿着书，却始终看不进去；不愿意父母过问学习的事情，对父母的询问保持沉默，或情绪极度烦躁；上课时常常打不起精神，课后却非常活跃，常常是"玩不够"。

很显然，这是孩子产生了心理疲劳效应。望子成龙是很多父母的夙愿，不过由于不恰当的教育方法却让这些孩子成为了"疲惫的一代"。许多父母希望在孩子身上实现自己的梦想，有的父母注重孩子的学习成绩，孩子被困于题海战术中；有的父母注重孩子的才艺培养，让孩子参加各种兴趣班。这些父母就像是拔苗助长的农民，急切地想拔高自己的苗子，却不在乎身心疲惫的孩子。

心理支招

孩子产生心理疲劳的主要原因就是精神紧张和学习过量，许多孩子担心会令父母失望，加上学习压力大，由此导致心理紧张与疲劳。孩子正处于心理和身体的发育时期，过小的年龄负担不了太大的压力，长时间让孩子超负荷运转，会让孩子减少欢乐，增添疲劳与紧张感，容易产生缺乏信心、没有热情、考试焦虑等心理问题，对孩子健康人格的形成和良好品行的养成，都有极大的负面影响。

今天的孩子在物质上可以得到满足，但父母与孩子很少会

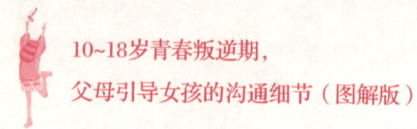

有心灵的融会与沟通。孩子承载了父母太多的希望,"不让孩子输在起跑线上"成为了许多父母的口头禅。孩子呱呱坠地时就定下了考大学的目标,让几个月的婴儿学识字,让牙牙学语的孩子学英语。辅导班、特长班应接不暇,书包越背越重,眼镜片越来越厚。长时间的不堪重负,让他们的脸上很难有属于自己童年的纯真笑容。

1. 女儿的成长更重要

很多时候,父母要降低期望值,帮女儿减压,而不是火上浇油。比如,孩子没考好,父母可以安慰说:"没关系,好好学习吧。"即便孩子再次发挥失常,父母也可以鼓励说:"这样正好,你就能知道自己的不足在哪儿了。"父母应该有这样的观念:成长比成绩重要,一次考试只是孩子人生长跑中的一个阶段,一次没考好还有下次。父母需要告诉孩子,尽力就行了,不要刻意给孩子定下目标。

2. 主动走进女儿的生活

对于那些已经出现心理疲惫现象的孩子,父母要主动走进她的生活,和她多交流,给孩子一个宽松的环境。父母要多给孩子运动和娱乐的时间,给孩子们的压力找个可宣泄的出口,引导孩子用平常心看待考试成绩,用积极的心态应对学习上的各种挫折。

3. 给女儿在心理上减压

父母要根据孩子的实际情况,帮孩子明确和制定阶段性的奋斗目标，用不断取得的小成绩激励孩子，恢复孩子的自信心，让孩子在愉快的情境中消除身心的疲劳感。

4. 培养女儿的学习兴趣

父母可以调动孩子本来就有的旺盛的求知欲，让孩子感受到学习知识是件快乐的事情。引导孩子带着愉快的心情去学习，即便学习内容多、难度较大，孩子也不容易感到疲劳。

5. 增加女儿休息和玩耍的时间

学要痛痛快快地学，玩要痛痛快快地玩，这句话是对学习和生活的最好诠释。不管是孩子，还是父母，只有玩好了、休息好了，心理疲劳才会消失。情绪好了，精神饱满了，再反过来学习，才能高度集中注意力，使学习取得最好的效果。

"我对他有莫名的好感"
——引导女孩轻松度过异性眷恋期

家长的烦恼

张妈妈是小学六年级的班主任，最近，班里一次偶然的男女生调换位置，却引来了许多同学的哄笑，有些胆子比较大的同学竟然开玩笑说："这样就真的是绝配了。"而那位被调换位置的女生似乎也意识到了，脸红了，把头低得很低。这件小

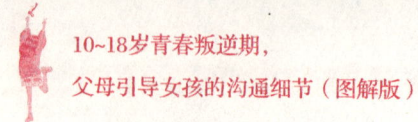

事引起了她对这些孩子的关注，有了空闲时间，她就深入到孩子当中，了解他们的学习情况和思想状况。

果然，张妈妈发现了班里有传递纸条写情书的现象，一位写作能力较好的女孩子用她细腻的文笔抒发了她对一位男生的爱意。而那些性格比较外向的男生一下课便跑到自己有好感的女孩子的班上，希望能够引起女生的注意。课间时在走廊上、教室里，经常能看到男女生之间你追我打，嘻嘻哈哈的。每当男生在操场上打篮球的时候，在操场边总是三三两两围着一些女生。"这才小学六年级的学生！"张妈妈感叹着，想到就在本校读初一的女儿，她就会忧心忡忡。

歌德曾说："青年男子哪个不善钟情？妙龄少女谁个不善怀春？"在青春期，孩子爱慕异性，这是极为正常的心理现象，每一个发育正常的青春期女孩都会有感情的自然流露。进入青春期以后，男孩女孩彼此向往、互相爱慕，是孩子心理发展的一个重要表现，这也是他们恋爱成功与婚姻美满的性心理基础。作为父母，要了解孩子在青春期的早恋情况，就应该先了解孩子心理和情感在青春期早期的发展规律。

青春期的异性情感发展需要经历三个阶段的心理历程，称为"青春三部曲"：

异性排斥期

这个阶段大概在孩子9～10岁，持续时间大约为两年。在这一阶段，孩子的身体开始出现一些青春期早期的生理变化，比如，女孩子的乳房开始发育，男孩子开始长阴毛。在孩子的潜意识里不愿意让别人发现自己身体的变化，因而产生了对异性的排斥心理。具体表现为，原来是两小无猜、互相打闹的好朋友，忽然变得生疏起来，互相回避，彼此不说话、不往来，男女界限"泾渭分明"。

异性吸引阶段

这个阶段在孩子12~13岁，将会持续两三年的时间。孩子开始对异性产生好奇与好感，渴望参加有异性参与的集体活动。他们希望能结识有共同话题的异性朋友，这是孩子们学习与异性交往的重要时期，他们往往能在活动中发现自己喜爱的异性类型。

异性眷恋阶段

这个阶段又称为原始恋爱期，是青春期发展阶段的第三个时期，大多发生在孩子15~16岁。在这一阶段，孩子们心里蕴藏着内心的强烈眷恋，但又不敢公开表露，他们只是用精神与心理的交往方式来显示自己情感的纯洁性。同时，这也是孩子们的性心理发展阶段，虽然他们的内心多了冷静与理智的成分，但是却没有办法克制自己的行为。

心理支招

每一个青春期的女孩都要经历这样一个过程：排斥异性一

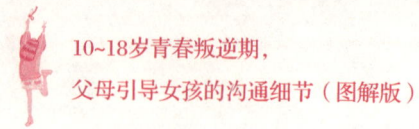

在群体中找到自己喜爱的异性类型——期望与自己喜欢的某个异性深入交流。如果父母仔细观察女儿，就会发现她在每一个时期的不同表现。对待女儿的性心理发展历程，父母不应粗暴地界定为早恋，而是应学会理解她的这种对异性眷恋的心理需求。

1. 鼓励女儿多参加群体活动

在青春期异性相吸引的阶段，父母应该鼓励女儿多参加群体活动。如果她在这一阶段没有获得更多的机会参加群体活动，在群体交往中找到自己喜欢的异性类型。那么，女儿有可能就会直接进入下一个发展阶段——眷恋某一个异性。

在现实生活中，父母总是担心女儿与异性接触，并尽可能地阻止她参加有异性参与的群体活动，殊不知这样的禁令反而会促使女儿提早进入早恋阶段。所以，父母要鼓励女儿参加对身心健康有益的活动，或鼓励女儿根据个人兴趣，发展个人爱好，这样的话，早恋会适当减弱或转移。

2. 引导女儿正确的与异性相处

青春期女孩子对异性有强烈的好奇心，她渴望接近异性又害怕受到来自异性的伤害。作为父母，应该理解女儿的这一心理需求，鼓励她正确地与异性朋友交往，引导女儿在交往过程中，尊重对方的人格，真诚交往、互相学习。在与异性单独接触的时候，让女儿注意分寸，嘱咐女孩子尽量不要晚上单独与男孩子约会；如果对方提出一些无理的要求，要敢于说"不"。

"我讨厌成绩大排队"
——帮助女孩宣泄学习上的压力

家长的烦恼

在某中学门口,几位家长向老师诉说着自己的烦恼。一位妈妈说:"女儿才上初一,已经长出两根白头发了,这可怎么办?看到孩子早生华发,自己觉得很伤心。"这话一说,引起了在场家长的共鸣。另一位母亲说:"别看孩子才上初中,承受的压力并不少,学校每次考试都排名,孩子既痛恨又无可奈何。每次考试回来,总是一副愁眉苦脸的样子,我知道,孩子很担心自己的名次下降了。作为父母,看见孩子变成这样,真是很痛心啊。"

一位家长深有同感,他讲述了自己孩子的事情:"我女儿今年15岁,下半年考入本地的一所重点高中,在入学几个星期后,学校进行了一次考试,女儿的成绩排名从入学时的班级前20名一下子滑落到30多名,顿时,一股无形的压力随之而来,对她来说,这样的压力是前所未有的。眼下,学生的座位也是根据学生的成绩来安排的:成绩好的学生,近水楼台先得月,在前几排就座。"

面对父母所述的情况,许多老师表示很无奈,某中学老师说:"我觉得公布考试排名,对孩子来说是不利的,本来学习压力就很大,加上排名就更压得孩子喘不过气来了,做了这么多年的老师,我也深感无奈。"另一位从事了20多年教育工作的老师认为,由于教育部门不允许中小学考试排名,目前大张旗鼓地进行排名的情况很少,只有某些学校私下进行排名。当然,按成绩排名自然会给孩子带来一种无形的压力,对此父母又该做些什么呢?

长期以来,人们习惯用"成绩排名"作为激发孩子努力学习的重要手段。孩子的成绩在班里排在什么位置,在年级里排在什么位置,属于差生还是优等生,老师和父母都能很清楚。虽然,成绩排名在某种程度上来说是一种挫折教育,但也会给孩子造成巨大的心理压力。作为父母,应该及时与女儿进行沟通,帮助她缓解压力,正确看待自己的成绩,真正达到激励孩子进步的目的。

心理支招

一位深感排名压力的青春期女孩子说道:"在读小学的时候,老师是不允许给学生打分数的,更不能公开成绩,老师一般用'优''良'等替代分数。谁知道一进了初中,各种排名接踵而来。为了培养我们的上进心,每逢考试,老师必定要当着全班同学的面儿,——公布成绩和排名,这让我们这些排名在后面的学生心里很难受。"据教育专家调查发现,75%的学

第 1 章
进入青春叛逆期，别让女孩对你关上心门

生对公布分数和排名次感到紧张、害怕，有不少学生听到自己的考分后会在课堂上哭起来，还有一些学生即使在课上未表现出伤心难过，回家后也会偷偷地抹眼泪。

许多父母认为"在升学压力面前，想要取消考试排名，其实并不现实"，对此，可以综合多方面因素考虑，将刺激女儿成绩提高变为鼓励孩子学习。成绩可以排名，以比较隐秘的方式告诉女儿，这样既能提高学生成绩，又调适了她的心理。不过，在"排名压力"面前，父母还需要采取一些教育措施，以帮助女儿抵抗压力。

1. 积极引导女儿正确对待"挫折教育"

其实，排名也是一种挫折教育，在成绩隐性排名的过程中，让女儿体验到挫折，从而不断成长。初中升高中、高中升大学，有哪一次能离开考试成绩排名呢？你可以告诉女儿："如果不进行比较，怎么知道你进步了没有呢？"这样一来，如果哪次考试名次降低了，她就会奋起直追。

2. 以"排名"激励女儿

当意识到女儿正在为考试成绩排名的压力而烦恼时，某位父亲是这样做的：他与女儿进行了一次谈话，先给她讲述了自己在中学阶段和参加工作后如何战胜了几次压力的故事，然后同她一起回顾了女儿在小学和初中时的"辉煌史"，以增强孩子的自信心。

最后，他对女儿说："宝贝，物竞天择，适者生存啊！你

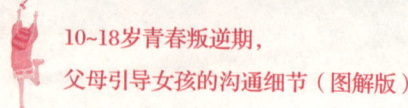

将来走入社会不可避免地会遇到竞争，要想有一番作为，就得不断提高自己的实力去战胜对手，有竞争就会有压力，只有先扛住了压力才能赢得最后的胜利。"

3. 不要太关注女儿的成绩排名

面对成绩排名，女儿既然已经感觉到了压力，那就表示她有上进心。作为父母，此时就不要再给她施加压力了。父母往往忽视了自己对成绩排名的关注对于女儿来说也是一种压力。女儿考试回来后父母不要问"今天考得怎么样？"而应该说"累不累？赶快去休息一下吧"。

第2章

了解青春叛逆期的特点,引导女孩塑造阳光性格

青春期的女孩子性格变化大,不像之前的乖乖女。父母应该明白女儿在日常生活中发生一些变化是正常的,是青春期心理变化在行动上的体现,不必过分注意和担心。对女儿的某些不切实际的想法和行动不应过分压制,否则会造成女儿与父母的感情隔阂,加重孩子的心理负担。

"我不再是小女孩了"——渴望独立的女孩

家长的烦恼

女儿从小跟我一起睡,她小时候特别黏我,直到六七岁还跟我一起睡。后来为了让孩子能够独立生活,给她专门准备了一个房间。现在女儿15岁了,在读寄宿学校,偶尔会回来,因为太想念孩子,我会主动提出:"宝贝儿,今天妈妈跟你睡,好不好?"这时女儿便会不耐烦地说:"我这么大了,还要跟妈妈睡?传到我同学的耳朵里多丢人啊,你自己回房间睡吧,别管我了。"被女儿嫌弃的感觉还真不好受,怎么她现在跟我都不愿亲热了?

女儿有时晚上跟同学玩儿到10点才回来,她爸爸很担心她。有一次,女儿出去玩之前,我们就问到了女儿玩耍的地址,到了晚上9点,女儿还没回来,我跟她爸爸都急了,又是女孩子,万一出点儿事情怎么办呢?我们越想越害怕,赶紧跑到女儿玩耍的地方,女儿见到我们,脸色很难看,不过还是跟着我们回来了。但是,一到家,她就开始发脾气:"拜托你们不要跟着我,好吗?"我很伤心:"爸妈也是担心你啊,你一个女孩子,深更半夜的在外面玩什么啊……"女儿很沮丧:"妈

10~18岁青春叛逆期,
父母引导女孩的沟通细节（图解版）

妈啊，我不是小孩子啦，我可以保护自己的，都是同学一起玩，能有什么事情啊。"说完，就跑进她的房间，留下了无奈的我们。

为什么孩子上了初中，就变得和以前不一样了，感觉不听话了，这是许多父母都感到棘手的问题。教育专家表示，这个年龄阶段的孩子正值青春发育期，生理及心理都有很大的变化。在这个时期，父母不能再像以前那样直接干预孩子的生活而是要从思想入手，增进亲子沟通。否则，孩子容易产生逆反心理，甚至产生敌对情绪。

青春期女孩，一方面，觉得自己已经是个成年人，竭力想摆脱父母的管教，不愿意被当作小孩子，渴望有独立的人格，渴望得到父母的接纳、理解和尊重。另一方面，希望获得某些权利，找到新的行为标准并渴望变换社会角色。在这个过程中，一旦她们自主意识受到阻力，人格发展受到限制，她们就会反抗。此外，由于她们的社会经验不足，自我生活能力还比较差，尚不能完全摆脱父母，因此她们的内心会产生各种各样的困惑与焦虑。

中国的父母总是过分关心孩子的事情。一旦孩子遇到困难了，他们会比孩子还忧心忡忡；一旦孩子出现失误，他们就觉得自己有很大的责任。孩子在物质生活上依赖父母，父母在精神生活方面依赖孩子。假如父母用成年人功利的价值取向要求

第 2 章
了解青春叛逆期的特点，引导女孩塑造阳光性格

孩子决定取舍，当孩子的发展不能满足自己的期许时，就会产生教育职能被剥夺的焦虑感。

心理支招

父母对孩子的过分保护会产生两种极端的后果：一种是孩子对父母的指引全盘肯定，对父母过于依赖，形成思维惰性，没办法选择适合自己的生活道路；另一种是孩子对父母的要求全盘否定，陷入盲目的亲子敌对关系中，强化了青春期的叛逆心理。此外，父母对孩子辨别能力的不认同，总是入侵孩子的私人空间，会造成孩子自我形象低下，她们会将自己许多青春期普遍存在的适应不良问题都归纳为父母的教育问题，从而激化父母与孩子间的矛盾。

1. 保持女儿独立的人格

父母和女儿都是具有独立人格的个体，谁也没有必要为了对方而牺牲自己，更不可以将自己的主观意志强加给对方。这将意味着父母与女儿之间应保持适当的心理距离，不要过于接近。父母不可能始终陪伴在女儿身边，为她的一切选择做主。为了孩子在未来能够适应社会，现在就要培养孩子独立的人格。

2. 做好与女孩子的沟通工作

心理学家认为，引导青春期的女孩子，最主要的就是做好与女孩子的沟通工作。与女儿建立良好的关系，不能忽视女儿的存在，更不能严厉地批评和强迫她，这会大大地伤害她的自

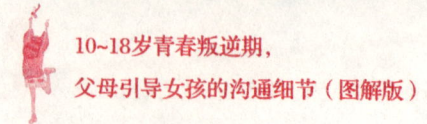

尊心。有的父母总喜欢拿自己女儿的短处与别的孩子的长处做比较，这会引起孩子强烈的抗拒心理。假如当众管教女儿，那她的逆反心理会更强烈。父母只有多鼓励和表扬女儿，才能拉近彼此之间的关系。

3. 培养女儿的自主性

自主性包括独立性、主动性和创造性三方面。父母在日常生活中要注意培养女儿的自主意识，鼓励女儿自己做主，允许她偶尔做一些不明智但安全的决定，并引导孩子从错误中吸取教训。

4. 对女儿的爱不需要附加条件

父母要给女儿最纯真的爱，不能在"爱"的情感中附加任何条件。有的父母关心、照顾了女儿，就要求她以优异的成绩作为回报。父母要充分信任女儿，有的父母总希望随时监视女儿，知道她的所有事情，知道她的一举一动，这会让孩子十分反感，从而破坏了他们之间的信任和关系。

5. 对女儿不要强行"溺爱"

备受冷落的孩子希望能够得到父母的"关爱"，渴望得到自由的孩子却被父母强行"溺爱"，似乎不能自由呼吸。一旦女儿进入青春期，父母需要记住：不要想方设法去控制她。假如希望女儿好，就要沉下心来帮助她建立自身的价值观，以平等的方式创造、增加或转移女儿所在乎的价值，使孩子产生能够推动自己进步的行为。

"我控制不住自己"——情绪多变的女孩

> **家长的烦恼**

女儿进入青春期之后,突然性情大变,经常会惹得我很生气。有一次,我们一家人高高兴兴地出去玩,刚开始女儿兴致也很高,和她表弟玩得挺开心的,我还给她买了一个小礼物,她很开心,一路上都有说有笑的。吃饭时,小表弟看着女儿的礼物说他也想要同样的礼物,当时我想一会儿出去再买一个吧,当即就把女儿的礼物递给了他。这一幕被女儿看到了,刚才还在高兴的她脸上顿时没有了笑容,愣了一会儿,直接从小表弟的手上抢过礼物,转身就扔在了地上,这还不解气,还使劲儿地踩了几脚。我被这一幕惊呆了,一向听话的孩子怎么就性情大变了呢?

有一天下午,隔壁家的孩子在我家里玩,正巧我们马上要准备吃晚饭了。当时还是女儿邀请对方在这里吃饭的,我和她爸爸也答应下来了。在饭桌上,女儿给她爸爸夹了一块糖醋排骨,正好邻居家的孩子说:"我也想吃。"于是她爸爸就将那块糖醋排骨放到了那个孩子碗中,女儿看到后脸色有些不对,默默地低头吃饭。不一会儿,我发现女儿的眼睛都红了。这孩子是怎么了?

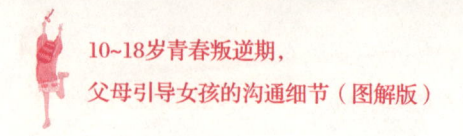

处在青春期的女孩子，至少面临着三方面的压力和挑战：

（1）她们的身体正在迅速发育，尤其是性方面的发育和成熟，让她们积蓄了大量的能量，容易兴奋过度；

（2）她们学习任务比较重，所承受的心理压力很大；

（3）随着年龄的增长，她们渴望对社会有更多的了解，人际交往也逐渐增多，各种各样的信息纷至沓来，需要处理的问题越来越多，越来越复杂了。

以上这三方面的压力常常交织在一起，矛盾此起彼伏。尽管孩子们的生活内容越来越丰富了，不过也不再像幼儿园、小学时那样单纯了。而这时，他们大脑的神经机制并没有发育健全，调节能力还比较差，面对各种压力和刺激，便很容易产生心理不平衡。青春期女孩又不像成年人那样善于控制或掩饰自己的情绪，常常喜怒皆形于色，便显得情绪忽高忽低，十分不稳定了。

心理支招

尽管说情绪不稳定是青春期孩子的心理特点，不过情绪波动较大会给孩子们的生活带来一定的影响。比如，影响与他人的关系、分散学习时的注意力。长期的恶劣情绪还会使孩子生病，父母要引导孩子学会调节自己的情绪。

1. 正面积极引导

青春期女孩的情绪易受自尊心的影响，特别是青春期的孩子自我意识快速发展，有着强烈的自尊心、爱面子，她们迫切

希望自己有独特之处,并开始注重自己的外表。这些都是青春期孩子的共性,父母可以对此进行正面引导。在许多事情上应给足女儿的面子,尊重女儿的话语及隐私权,别动不动就对其进行批评说教,随便翻她的东西。

2. 不要太过在意女儿的情绪

青春期女孩的情感世界充满着风暴,情绪波动大。当她们赢得一点点成绩时,就会沾沾自喜、得意忘形;若是遇到一点儿挫折,就会悲观失望,甚至是心灰意冷。在这段敏感时期,父母应多注意观察女儿的情绪状态,少唠叨,切忌给孩子带来新的一轮刺激。假如孩子与父母的关系不错,那只要成为女儿最忠实的听众即可。

3. 鼓励女儿交友

青春期女孩有着强烈的交友意识,她们渴望结交志趣相投、年龄相仿、能够互相理解、分享生活感受的知心朋友,她们也比较在意别人眼里的自己。有时候为了平衡与协调朋友之间的关系,宁愿自己受委屈,并对别人的嘲笑、蔑视比较敏感。因此,父母要避免给女儿带来不公平、委屈的感觉,更不要漠视与不管她;需要和孩子分享交友过程中的收获,而不是挑剔指责她们交友不当。即便她所交的朋友有问题,父母的指责也不会有任何效力,这样只会把孩子推到朋友身边去。

4. 旁观女儿与异性交往

在异性交往方面,青春期女孩经常是既好奇又充满困惑

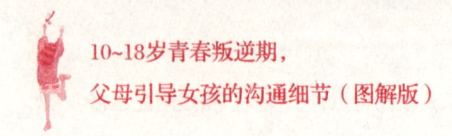

的。有的女孩见到异性就脸红，畏首畏尾；有的女孩活泼大方，和异性朋友交往过密。假如女儿在家里与父母沟通不畅，那她很容易找一个异性的朋友吐露心里话。这时父母不能用武力镇压，简单粗暴的打压只会把所谓的早恋逼入"地下"，孩子们会更加坚定地朝着相反的方向走去。面对这样的情况，不如采取冷处理的方式，先了解情况，再制订具体的策略，或是引导孩子正确的与异性朋友交往，或是帮孩子分析与异性之间的关系。当然，这些都需要事先征得孩子的同意。

"我总是不能被理解"——孤独的女孩

家长的烦恼

女儿今年上高一后变成了名副其实的宅女，有时候她经常会在QQ心情上发一些莫名其妙的话，比如"为什么所有人都不理解我呢？""我觉得好无聊！""我一个人好孤独！""寂寞是一群人的狂欢"等，有时我会问她："你最近有什么不开心的事情吗？"女儿则会摇摇头。吃了饭就回到自己的房间里，不是写日记，就是玩电脑。

以前她性格很开朗的，我还常常会因为她过于活泼而头疼。现在不知道为什么，她回家后很少说话，有时我忍不住多

说她几句，她就会一脸不耐烦的样子，还嫌我唠叨。

女孩子进入青春期后会感觉到许多烦恼。比如，父母的关心不再像过去那样能够打动她们的心扉了，反而会觉得唠叨刺耳；似乎老师也在她们的心目中失去了往日的威信；无论自己做什么事情都得不到他人的理解；即便平时关系挺不错的同学，现在也不会那么亲密无间、无话不谈了；自己总有一肚子的不痛快，这该跟谁说呢？难道青春期的自己注定要是孤独的吗？

父母也会有所发现。她们常会发现自己的孩子，小时候像小鸟似的对自己叽叽喳喳地说个不停。但长大后，特别是进入青春期之后却对父母守口如瓶，不会对家长说心里话。孩子为什么会这样呢？

心理学家认为，进入青春期的女孩都有一种共性：觉得自己是大人了。她们好像一夜之间就成熟了起来，进入第二次心理断乳期的少女们总会时常感叹：没人理解我！我好孤独！为什么女孩进入青春期之后会感到特别孤独呢？由于青春期是儿童向成人转变的过渡阶段，在这个阶段，关于自己和社会的信息繁杂，她们需要不断地思考，最后才能确定自己的生活目标。

于是，这个阶段一开始，女孩们往往不知道自己想干什么、能干什么，自己是一个什么样的人。社会赋予她们的角色一下子增多了：在家要作为女儿；在学校是学生；在同学中想要成为被人接纳和肯定的人；在家庭和社会上希望得到成年

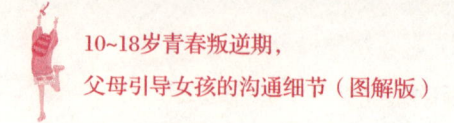

人的尊重和信任。女孩要在不同的环境中"扮演"好相应的角色，这并不是一件轻松的事情，同时她们又希望表现得特别独立和成熟。她们的心里开始出现矛盾：一方面，特别需要和别人探讨和交流；另一方面，又不愿意敞开心扉。

心理支招

德国心理学家斯普兰格说："没有谁比青年人从他们孤独的小房间里更加渴望用憧憬的目光眺望窗外的世界了；没有谁比青年在深沉的寂寞中更加渴望接触和理解外部世界了。"这种孤独感正是青春期女孩自我意识发展的一种表现。随着年龄的增长、社会经验的丰富和自我探索的深入，青春期女孩会慢慢获得一种熟悉自己、对自己有信心、有把握的感觉，这时她们就能够独立思考，乐于交流了。

1. 客观面对女儿独立意识的发展

当女儿步入青春期，自我意识开始慢慢增强，逐渐开始重视身边的人对自己的看法时，会产生很多独特的想法和对未来美好生活的向往，这些想法往往会被一些父母认为是"幼稚""异想天开"。假如女儿的表现得不到众人的认同，为了不受到父母的嘲讽，她们便将自己的想法和内心的秘密封存起来，采用直接的表达方式，诸如埋怨或沉默。

作为父母要遵循孩子的心理特征，不要对其严加管制，以免引发孩子想摆脱父母监护的心理抵触情绪。平时要多理解她们的心理状态，用平等、协商的口吻，疏导、引导的方法，避免使用训斥、命令和强迫的方法对待孩子。

2. 引导女儿使用"情绪分解法"

父母可以引导女儿使用"情绪分解法"，让女儿把生活中的压力与孤独罗列出来。在一一写出来之后，女儿惊奇地发现，只要把它们逐个击破，那这些所谓的压力与孤独，就可以逐渐化解。

3. 鼓励女儿大声哭出来

临床心理学家认为，哭可以缓解人们的压力与孤独。心理学家曾给一些成年人测量血压，然后按照正常血压和高血压编成两组，分别询问其是否哭泣过。结果大部分血压正常的人都说自己偶尔哭泣，而那些高血压患者却说自己从不哭泣。当女儿因为某些事情而感到苦闷时，父母可以鼓励她大声哭出来，从而达到宣泄情绪的目的。

4. 鼓励女儿多读书

孩子在书的世界里遨游，所有忧愁、孤独和悲伤便会被抛在脑后，烟消云散。平时父母需要鼓励女儿多读书，读书可以让她在潜移默化中变得心胸开阔、气量豁达，不害怕压力与孤独。

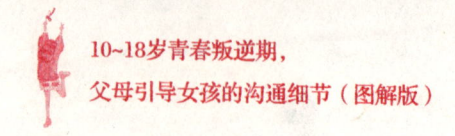

"跟他人比我很不起眼儿"——自卑的女孩

家长的烦恼

小雯今年上初一,已经进入了青春期。不像同龄的其他女孩子一样,小雯的穿着打扮总是过分朴素,甚至有些破烂不堪。平时她总穿着那条带补丁的裤子,神情拘谨,动作磨蹭,半天都不说一句话。妈妈不停地问她一些问题,她却始终不愿意开口说话,问多了,她才会难为情地说:"老师和同学每次夸奖我朴素、不时髦的打扮,我都恨不得能钻到地缝里,其实我是不敢穿好衣服。"

妈妈觉得很惊讶,自己平时没少给小雯买衣服,她怎么会说自己不敢穿好衣服呢?在妈妈的不断追问下,小雯才缓缓地说出了自己的心结:"我个子矮,皮肤又黑,大脸、塌鼻梁、小眼睛,即便我穿再好看的衣服也不会漂亮,还不如穿朴素点儿。好看的衣服是给那些漂亮女孩穿的,我穿了,只会被别人嘲笑。"听到小雯说这样的话,妈妈惊呆了,不知是从什么时候开始女儿变得如此自卑了?

自卑心理指的是自我评价偏低,按照心理学家阿德勒的理论,自卑感在个人心理发展中有着举足轻重的作用。阿德勒认为,每个人都有先天性的生理或心理缺陷,这就决定了人们在潜意识中都有自卑感存在，而6~11岁是决定一个人心理倾向是奋发向上还是自卑、自暴自弃的关键阶段。

小雯就是典型的自卑心理，她不敢打扮是由于自我价值感很低，总觉得自己不如别人，因而感到自卑。导致青春期女孩自卑的原因有很多，比如单亲家庭、身体肥胖、成绩不好等等。而小雯自卑是因为自己长得胖、相貌很普通，认为自己不会被异性关注，因此不值得打扮得那么漂亮，甚至过于丑化自己，形成了破罐子破摔的心理。

实际上，许多青春期女孩都会因为身体和性格的重大变化而感到惶恐。较为极端的情况就是由于身体发育情况与别人不同而感到自卑。当她们感到自己的身体与众不同，比如像小雯偏胖时，往往就会产生与别人进行比较的心理。而且她们会变得特别敏感，有可能别人一个不经意的眼神或一句话，都会让她们变得更加自卑。小雯就是这样，在比较中为自认为的胖和丑感到羞愧，从而降低了自我价值感。

心理支招

大部分的青春期女孩有着强烈的自尊心和好胜心，希望得到别人的尊重和理解。但是，有的女孩由于长期的失败经历，常常会遭到不公平的待遇，因此其自尊心受到严重伤害，便会产生自卑心理；逐渐长大的女孩子开始用批判的眼光来看待周围的事物，对老师的简单说教，喜欢从反面进行思考，喜欢猎奇，容易产生固执、偏激的不良倾向，从而产生逆反心理；大部分女孩内心深处有需求上进的愿望，也常常努力，不过由于她们往往不能坚持，由于自身的惰性，常常经受不住外界的压力。

1. 了解女儿是因为什么原因自卑

在对症下药之前，父母需要了解女儿是因为什么而自卑。比如因不爱打扮而表现出自卑的女孩，她们对于能够正常绽放青春的同学，实际上是充满嫉妒的。她们也想成为大家关注的焦点，由于贬低自己，不允许自己打扮，她们压抑自己正常的需要，用相反的方式表达自己的内心感受。越爱美越不敢表现美，越是想要人关注，越是不敢被人关注，从而形成典型的自卑心理。

2. 激励女儿，唤起她的信心

心理学家认为，假如一个孩子生活在鼓励中，她就学会了自信；假如一个孩子生活在认可之中，她就学会了自爱。比如经常对女儿鼓励说，"老师今天打电话来，称赞了你""你最近漂亮了，真是女大十八变"等。这样，女儿就会慢慢重拾自信，变得开朗起来。

3. 关注女儿的闪光点

在平时的生活中，父母要善于捕捉女儿的"闪光点"，重视为她树立自信心。良好的自信心是成功的一半，培养女儿的自信心，父母的悉心教育和热情鼓励不可忽视。尤其应注意正确对待她们，鼓励她们积极进取，遇到困难时帮助她们分析原因、给予帮助和指导，把女儿受挫的自信心重新树立起来。

4.注重亲子沟通

青春期女孩自信心缺失，大部分原因在于家庭教育环境不良与教育方式、方法不正确。所以，作为父母应及时了解孩子不良的心理状况，采用适当的教育方式，注重亲子沟通。多鼓励和肯定孩子，引导孩子走出家门，多结交兴趣相投的朋友。一旦女儿在肯定中得到了满足，她的自信心就会增强。

"我就是很讨厌她"——嫉妒的女孩

家长的烦恼

女儿有一个表妹，两个人的年龄只相差一个月。相比较而言，她表妹比较苗条白皙，举止也比较娴静。有一天晚上她们在一起吃饭，女儿她爸夸了表妹几句，女儿马上醋意大发，一会儿对我说："我爸爸有毛病吧？再夸人家也成不了她的女儿。"一会又说："真是讨厌，睫毛长有什么了不起，长得瘦又有什么了不起，就能这么讨人喜欢吗？"

我安慰女儿说："她毕竟是你表妹，你怎么能这样说人家呢？"女儿很不屑地说："什么表妹？她在学校那么受人欢迎，谁能看出我这个又黑又胖的人是她的表姐啊，长得漂亮有

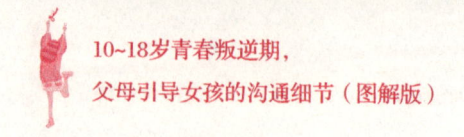

个屁用，还不是一样要吃饭、睡觉……"

其实嫉妒不仅是青春期的女孩才有，而是各个年龄段的人，或者说所有人的人性中都存在的一个弱点。英国哲学家培根曾说："嫉妒这恶魔总是在暗暗地、悄悄地毁掉人间的好东西。"大剧作家莎士比亚也说过："您要留心嫉妒啊，那是一个绿眼的妖魔！谁做了它的牺牲品，谁就要受它的玩弄。"

心理学家认为嫉妒分为两种：一种是"激性嫉妒"，其特征是应激性，来势凶猛，容易导致突发事件；另一种是"心境嫉妒"，它与心境有关，其作用虽然缓慢但是最终却会让一个人的心境变得忧心忡忡、郁郁寡欢、备感孤寂、甚至会积愤成疾。

黑格尔曾经说过："有嫉妒心理的人，自己不能完成伟大的事业，乃尽量低估他人的强大，通过贬低他人而使自己与之相齐。"嫉妒心强的女孩子势必会因为情绪不佳影响学习。另外，因为强烈的嫉妒心的驱使，女孩子会事事争强好胜，总想给别人使绊儿，压别人一头，这样一来，也势必会在人际交往中被众人孤立。由此可以看出，嫉妒是一种不良的心理状态，对青春期女孩的健康发展极为不利。

青春期孩子的嫉妒具有明显的外露性，有时还具有攻击性、破坏性。孩子的嫉妒与成年人的嫉妒有不同之处，主要是孩子不能有效地控制自己的情感。孩子直接而坦率地表露情感，根本不考虑后果。可以说嫉妒是一种消极的心理，是对别人在品德、能力等方面胜过自己而产生的一种不满和怨恨，它是一种被扭曲了的情感。如果孩子持续保持这种负面心理，那孩子就难以协调好与他人的关系，难以在生活中保持心情舒畅。所以父母需要纠正孩子的嫉妒心理。

心理支招

在学习上，当看到有的同学成绩超过了自己，心里便觉得很不舒服；当看到自己的朋友与其他同学来往密切，便会生气、心生怨恨；当别的同学获得老师的赞扬时，心中便会愤愤不平、充满妒意……这都是青春期女孩常出现的嫉妒心理，很多女孩都知道这种心理是不好的，但是又控制不住自己。对此，父母应该积极地做好引导工作。

1. 了解女儿嫉妒心理产生的原因

父母只有了解女儿产生嫉妒的原因，才能对她进行有针对性的教育。通常孩子的嫉妒心理产生的原因有三个：一是受环境的影响。假如在家里，父母之间互相猜疑，互相看不起，或当着孩子的面议论、贬低他人，会在无形中影响孩子的心理。二是孩子能力较强，不过在某些方面比不上其他的孩子。通常各方面都比较弱的孩子，他们会处于比较安分的状态，因为他们已经习惯于当弱者了。而那些能力较强的孩子，就会对别的有能力的小朋友产生嫉妒。三是不恰当的教育方式。有的父母经常会对自己的孩子说她在什么方面不如某个小朋友，让孩子

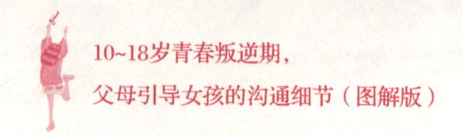

误认为父母喜欢别的小朋友，不喜欢自己。这些孩子会因为不服气而产生嫉妒。

2. 倾听女儿的心理感受

女儿的嫉妒是直观的、真实的甚至是自然的，完全不像成年人的嫉妒心理那样掺杂着许多因素，它只是孩子对自己愿望不能实现而产生的一种本能的心理反应。所以，父母不要盲目的对女儿的嫉妒行为进行批评，而是应耐心倾听她心中的烦恼，理解孩子没办法实现自己的愿望所产生的痛苦情绪，以便女儿因嫉妒产生的不良情绪可以得到宣泄。

3. 正确评价女儿

大多数孩子都喜欢受到表扬和鼓励。父母的表扬得当，可以巩固其优点，增加孩子的自信心；若表扬过度或不当，则会使孩子产生骄傲情绪，从而看不起别人。由于孩子年龄较小，自我意识刚开始萌芽，其还不会全面地看待问题，从而不能正确地评价自己和别人。所以父母对孩子的品德、能力的评价应客观正确，适当指出孩子的优点和缺点，让孩子明白每个人都有长处和短处，帮助孩子正确的评价自己。

4. 帮助女儿分析与其他孩子产生差距的原因

孩子通常不具备对事物进行全面分析的能力。孩子往往会将自己的嫉妒简单地归于自己或所嫉妒的对象，而不去考虑其他因素。所以，父母可以帮助孩子全面分析产生自己的孩子与所嫉妒对象之间的差距的原因，能否缩短这些差距，采用什么样的方法来缩短这种差距，以积极的方式缩短实际存在的差距，化解孩子内心的不平衡。

5. 对女儿进行美德教育

一般嫉妒心理大多数产生在有一定能力的孩子身上，他们觉得自己有能力，却没有受到别人的表扬，所以对那些受到关注和表扬的孩子产生了嫉妒心理。父母对此要对孩子进行美德教育，让孩子懂得"谦虚使人进步，骄傲使人落后"的道理。让孩子明白即便没有人称赞她，她的优点依然会存在，假如继续保持自身的优点，再虚心向别人学习，那她才会得到更多人的喜欢。

6. 培养女儿乐观的性格

父母应教育孩子理解人与人之间客观存在的差异性，让孩子明白每个人都有自己的优势和长处，不过每个人也都有自己的劣势和短处。引导孩子充分发挥自己的长处，扬长避短，在生活和学习中学会正视别人的优势和长处、欣赏别人的优点，从而学习、借鉴对方的优势，以弥补自己的不足。

7. 帮助女儿树立正确的竞争意识

大多数有嫉妒心理的孩子都有争强好胜的性格，父母要正确引导和教育孩子用自己的努力和实际能力去与别人竞争。竞争是为了找出差距，使自己进步更快和取长补短，不可以用不正当、不光彩的手段去获取竞争的胜利，将孩子的好胜心引向积极的方向。

第3章

解析青春叛逆期的行为,引导女孩的叛逆和桀骜不驯

青春期是一个女孩从幼稚走向成熟的艰难过程,必然要经历许多痛苦和烦恼。父母需要做的就是耐心等待,而不是处处、时刻"介入",需要给女孩独立思考和做决定的机会。青春期是女孩最容易叛逆的时期,父母一定要耐心教导孩子,帮助她们健康地度过青春期。

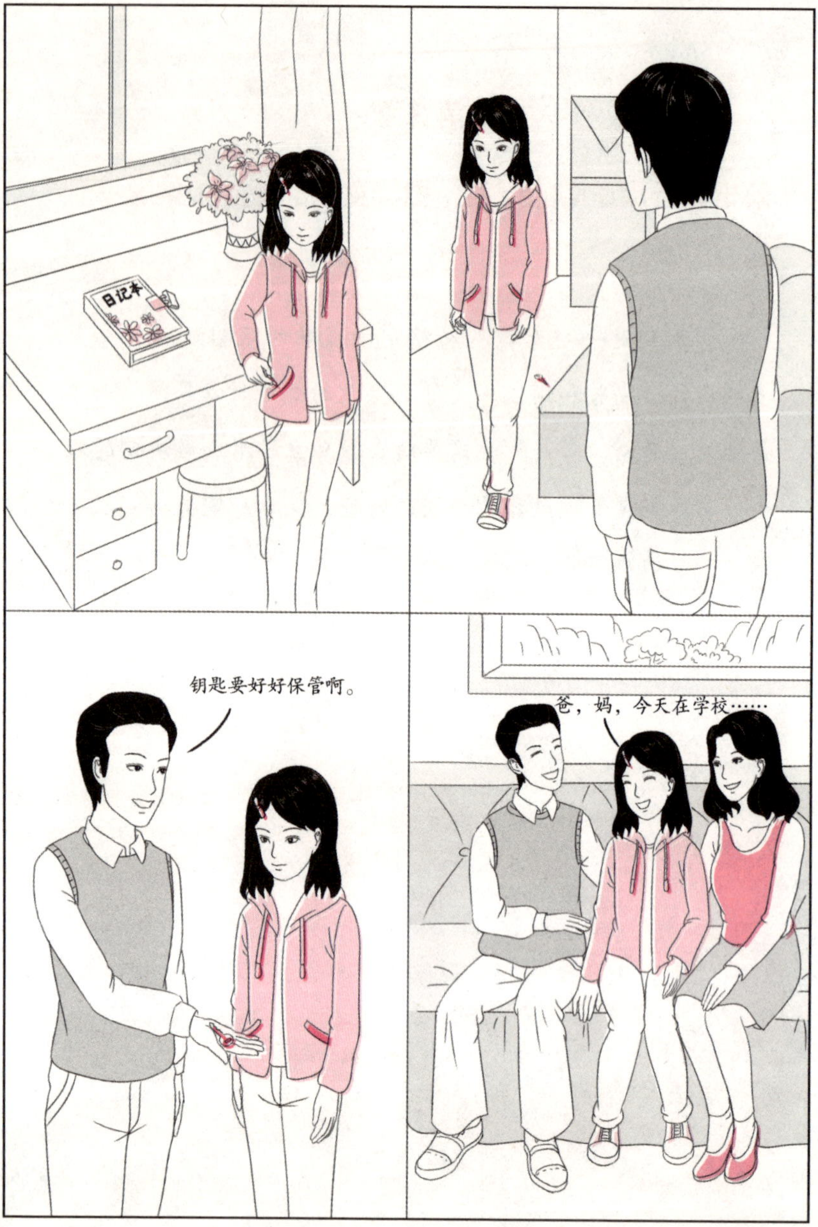
日记本
钥匙要好好保管啊。
爸，妈，今天在学校……

"我也有说话的权利"
——如何应对与女孩的争辩

家长的烦恼

一位父亲很无奈地说:"我自己是个教师,教学生从来不感到困难,但是教育女儿却不得要领。尽管我女儿很聪明,但好动,很顽皮,总是会惹我生气。我一生气就对她劈头盖脸地打骂,从小学一直打到初中。"

有一次,女儿又被我打骂了一顿。打过之后,我看了女儿一眼,不禁大吃一惊,发现她竟满眼充满了恨意。我隐隐感觉到,自己在教育孩子这件事上似乎出现了一些问题。果然,没过几天我帮女儿收拾房间,无意间看到了女儿在日记中所写的一段话,了解了她的内心世界——"今天我又被爸爸打骂了一顿,为什么总是这样?从小到大,我在他面前好像只会受尽侮辱,我似乎从来没有说话的权利。不管是什么事情,不分青红皂白,总认定都是我的错,最终我就是那个挨骂、挨打的对象。那一刻,我觉得好恨他,好恨这个家……"

看了女儿的内心独白,我意识到孩子长大了,她也有自己应有的权利了。或许,我真的是应该反省自己的教育方式了。

受千百年传统观念的影响，父母总会觉得小孩子见识少、阅历浅、不成熟，又是自己生养的，形成了"大人说话小孩子听"的定论。许多父母不允许孩子与大人争辩，他们奉行"父母之命"的传统观念。认为孩子只能对父母的话"言听计从"，是绝不允许与父母拌嘴、争辩的，否则就是"大逆不道"。实际上，随着孩子进入青春期，他们的自我意识开始被唤醒，这时父母与孩子发生争辩是一件有意义的事情。所谓争辩是争论、辩论的意思，是各执己见，互相辩论说理，这样做有利于思想沟通，通过争辩达成共识、解决问题。

汉堡心理学家安格利卡·法斯博士认为，"隔代人之间的争辩，对于下一代来说，是走上成人之路的重要一步"。允许青春期孩子适当地争辩，是有助于孩子摆脱无方向状态的一种途径，可以使他们知道自己的能力和界限在何处。同时，争执可以让孩子变得自信和独立，在对抗中他们能感觉自己受到重视，知道怎样才能贯彻自己的意志。争执也表示孩子正在走自己的路，他们注意到了父母并非总是正确的。

心理学家认为，争辩可以帮助青春期女孩变得自信和独立。在与父母争辩的过程中，女孩会感觉自己受到重视，知道应该怎样表达才能实现自己的想法。同时，争执也表明孩子自我意识的觉悟，正在试着走自己的路。争辩的胜利，无疑能让孩子获得一种快感和成就感，既让女孩有了估量自己能力的机会，也锻炼了她的意志力。

> 心理支招

父母在教育女孩的时候，经常会遇到她回嘴、反驳、顶撞等情况。面对女孩的争辩，父母明智的做法就是给她争辩的权利，认真听取她的争辩。这样父母可以从女孩的争辩中了解她发生某种行为的背景、条件以及心理动机等，从而进行有针对性的教育。

同时，让女孩争辩可为父母树立一面镜子。父母通过听取女儿的争辩，可以检验自己的教育方法是否得当，说法是否在理。明智的父母常常不会把自己的意愿简单地强加在女儿身上，而会为女儿争辩创造一个宽松、平等的氛围。而在与女儿争辩的过程中，父母应循循善诱，以理服人，不要简单地把女儿的争辩看作是对自己的不敬。

1. 女儿争辩意味着其能力的发展

处于青春期的女儿在争辩时，往往最得意、最来劲儿、最高兴、最认真。允许女儿争辩，对女儿是很有益处的，可以提高她各方面的能力，对女儿未来的生活大有好处。

2. 允许女儿争辩

父母应该树立一种观念，允许女儿争辩并不是什么丢面子的事情。那种认为一旦允许女儿争辩，她就会不听话、不尊重自己，与自己为难的想法是不正确的。女儿与父母争辩，对双方都是很有好处的。

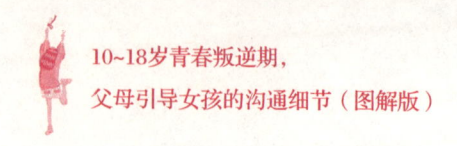

3. 制定规则

当然，女儿的争辩是应该遵循一定规则的。也就是说，不允许她胡搅蛮缠、随心所欲，而是要在讲道理的基础上进行争辩。假如女儿违反了争辩的权利，父母应该加以制止。当然，父母是规则的制定者，在制定规则时要从实际出发，合乎女儿的情况，合乎常理，否则，争辩就是不合理的。

4. 给女儿说话的权利

对于许多父母而言，给女儿说话的权利并不能轻易做到。父母在教育子女的时候，往往只能是我说你听，哪里能容许女儿争辩？所以，在给女儿争辩的权利时需要父母克服自以为是、唯我是从、只准说是、不准说"不"的单向说教思维定式，而应采取尊重女儿、鼓励争辩、勇于认错、善于双方交流的思维方式。

5. 事后反思

假如女儿因青春期叛逆思维而带来的毫无理由的争辩，父母事后可以反思：到底是自己没有尊重女儿的意愿？还是女儿确实是在胡搅蛮缠。假如是前者，那父母需要反思自己，是否真的尊重了女儿；假如是后者，那可以仔细观察女儿做出这种行为背后的真实心理，了解之后再予以相应的教育方式。

第 3 章
解析青春叛逆期的行为，引导女孩的叛逆和桀骜不驯

"偷看日记是不法行为"
——如何谨慎对待女孩的隐私

家长的烦恼

女儿月月这学期上初一。从小学到初一，女儿是同学、老师眼里的好学生，父母眼里的好孩子，学习和日常表现都没让爸爸、妈妈操过心。但是，这学期开学不久，月月妈妈发现月月好像变了。每天回家后月月不再像以前那样稍微休息一下就开始写作业，而是喜欢照镜子，学习上也变得懒散了。不仅如此，女儿的学习成绩每况愈下。女儿到底是哪里不对劲儿了？月月妈妈内心很是苦恼。

问题的根源到底在哪里呢？尽管月月妈妈对她旁敲侧击，选择比较宽松的时机，想办法与月月沟通，但月月总表现出一副若无其事的样子，对妈妈说："妈妈，我平时一直不就是这个样子吗？"妈妈一直愁眉苦脸，直到有一天，为女儿月月整理房间时，看到女儿的日记本放在床头柜上，月月妈妈不由得心头一动，忍不住翻看了女儿的日记，不看则已，一看心惊：女儿喜欢上了班里的一个男同学了……就在月月妈妈合上女儿日记本的时候，女儿走进了房间……

月月责怪妈妈侵犯了自己的"隐私"权，是"违法行为"，而妈妈则气不打一处来，本来想对此事先冷静再说的

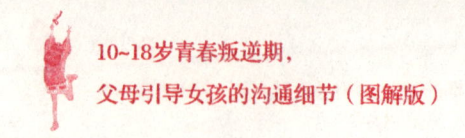

月月妈妈忍不住冲动地骂了月月一通儿。最后，月月不但不认错，而且开始与妈妈较劲儿，一个月过去了，月月也没和她妈妈说过一句话。她妈妈又急又气，父母关心孩子，难道有错吗？

在本案例中，月月妈妈不应该"见风就是雨"，青春期的女孩喜欢上某个异性同学并在日记里表达出来是很正常的现象，作为父母不应该与女儿发生正面冲突，而应选择合适的时机因势利导。许多孩子有写日记的习惯，且把日记本收藏在抽屉里，甚至上了密码锁。由此会让父母与孩子产生隔阂，认为孩子有意隐瞒什么事情。有的父母翻看孩子的日记，让孩子的自尊心备受打击。产生这种家庭矛盾的原因是双方的。

对父母而言，女儿一天天长大，生理一天天成熟，心理却极不成熟。让父母非常担忧的是，女儿自以为已经是成年人，渴望人格独立，经常对父母的询问三缄其口，将日记本上锁，和同学打电话也会避开父母，很少与父母谈心里话。父母总想知道孩子为什么跟过去不一样了，他们担心自己的女儿因缺乏辨别力和免疫力误入歧途。当孩子不愿意开口的时候，父母了解女儿心理状态及交友情况的最佳办法就是看日记。

对女儿而言，自己已经长大了，有主见了，渴望独立自主，更希望得到别人的尊重和信任。她们喜欢独自思考问题，喜欢将秘密写入日记里。而且，女儿在这一时期已经明白未成

年人不愿意公开的日记应属于个人隐私的范畴。当女儿知道父母偷看自己的日记，便会认为父母侵犯了自己的隐私，最终的结果是造成双方关系紧张。

心理支招

日记是女儿的隐私，父母确实不应该轻易翻看孩子的日记。当孩子不愿意开口说出自己的真实想法时，有时会在日记中有所表达。如果这时父母能了解到孩子内心的真实想法，然后做出有针对性的指导，对女儿来说是很有益处的。

1. 尊重女儿

父母需要尊重女儿，改变用强迫、指责等消极方式对待女儿，给她一个独立的精神空间。父母需要花时间、有耐性，做个有修养的听众，用心倾听孩子的心声，走进女儿的世界，积极发现女儿的优点，并进行发自内心的赞扬。假如确实需要对女儿进行批评，也要私下秘密进行。父母要花精力去了解女儿的需求，和女儿进行思想、感情、生活体验等各方面的沟通，这样女儿心里有事才能愿意告诉父母。

2. 有效增进与女儿之间的感情

青春期女孩子有较强的独立意识，作为父母可以利用吃饭等一家人围坐在一起的时候，一起回忆孩子小时候的趣事，以建立女儿对父母的亲近感和信任感。周末与女儿一起逛街时父母需要淡化自己长辈的身份，尽可能地让女儿带着自己玩，让

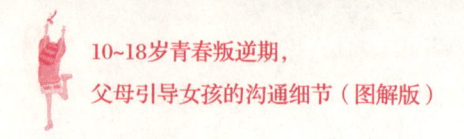

女儿感到自己也可以对父母产生影响，从而拉近彼此之间的距离，让女儿愿意对父母说出心里话。

3. 与女儿的老师建立密切的联系

父母需要加强与女儿的老师的联系，当发现女儿有什么异常行为时，可通过向班主任及其授课老师了解情况，并请他们帮忙做女儿的思想工作。女儿遇到困难，心理肯定会产生一些变化，而这些变化很容易就会表现在女儿的神情举止上。父母关心女儿，很容易察觉到她心理上的变化，从而与她进行沟通，而无须通过翻看孩子的日记来了解她。

4. 避免翻看女儿的日记

假如女儿发现父母在偷看自己的日记，会降低甚至失去对父母的信任感，不利于她的健康成长。如果父母实在不小心看了女儿的日记，她问起来也要说实话还要向她道歉。如果女儿想和父母交流就会如实说出自己的想法；如果父母与女儿之间有一定的透明度，女儿就有机会向父母展示自己，有机会请父母帮助自己，那才是教育的上策。

5. 尊重女儿

父母要充分尊重女儿，不要野蛮地控制她。侵犯女儿的隐私，会造成她对周围人的敏感，排挤，情绪易波动。女儿不愿意被控制的心理，会让她不停地反抗，回避问题，从而与外界隔离，这样发展下去父母就没办法与女儿进行交流了。

6.理解和支持女儿

父母要从心理上理解和支持女儿,心理上的关爱是父母给女儿最大的财富。适当地给女儿一定的空间,让她能自己解决问题,这也是锻炼女儿独立面对和解决问题的一种方式。

"我不想听"——如何应对女孩的对抗情绪

家长的烦恼

小梦读初中时,非常喜欢信息技术这门课,而父母却简单地禁止她"玩电脑",一味要求她放学回家必做多少作业、多少遍练习,引起了小梦的不满:既然父母不让做自己想做的事情,就故意不用功,让成绩一落千丈;明知这样做不对,却依然我行我素,甚至喜欢看到父母不舒服、干着急的样子。

当父母对她说,"今天下雨了,记得出门多带一件厚外套""宝贝,你最近怎么回事儿,得抓紧学习啊,你这样,我真的不知道该怎么办啊""以后你长大了,怎么办呢?学习不好,只能打工……"等话时,小梦就会下意识地捂住自己的耳朵,大声叫道:"你们说什么,我都不想听,走开啊,你们……"

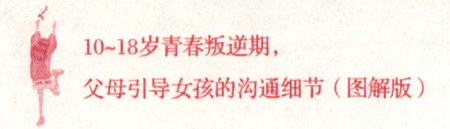

当父母好心提醒孩子"降温了，带件衣服去学校"，孩子的回答却是"你好烦啊……"青春期女孩子的不听话成为了父母心中挥之不去的"痛"，她要么与父母针锋相对、吵闹顶嘴；要么对父母的话置之不理，置若罔闻；要么受到批评就甩门而去甚至上演离家出走的戏码。对于这样的孩子，父母选择了"打骂"，但越是打骂，孩子越叛逆，越是会与父母对着干。

青春期女孩子叛逆，产生对抗情绪，是一种独特的心理现象，也是一种必然的生理现象。青春期女孩的心理随着年龄段的变化而变化，第二性征的出现给她的心态造成了冲击，她面对自身的变化经常会感到不知所措，从而产生浮躁心态和对抗情绪。青春期女孩心理呈现青春期心理的特殊性，她觉得自己已经像个成年人了，在面对问题时经常表现出幼稚的独立性，采取一些偏激的或是强烈的反应。

由于自我意识和好奇心的增强，青春期女孩对许多事物产生兴趣。她往往要通过表现个性、追逐潮流来满足自我意识和好奇心。而社会和家庭传统教育的一些弊端，阻碍了她自身发展的需求，成为了对抗情绪产生的源头。

心理支招

青春期女孩为自身的独立做准备，想在心理上跟自己的父母分离，表现出来的就是强烈的独立意识。心理学家认为，孩子青春期的亲子对抗是有积极意义的，只是因每个孩子的性格和独立意识不同而存在差异。面对青春期的亲子对抗，父母应作出比孩子更多的改变。

1. 尊重女儿的"心理断乳期"

心理学家认为，12~16岁是孩子的"心理断乳期"，随着孩子接触范围的扩大、知识面的增加，她们的内心世界更丰富，容易对父母产生"逆反心理"。她们认为自己已经长大了，对社会、人生有着与父母不同的看法，不要父母处处管着自己，于是开始时时顶嘴、事事抬杠。

2. 理解和接纳女儿

女儿出现的一系列身心变化，她自己也是始料不及、难以控制的，这时尤其需要父母的理解和接纳。千万不要看到女儿的一些变化，或者发现女儿的反常行为就大呼小叫、惊慌失措，更不要打骂训斥、横加指责。否则，只会加剧女儿的逆反心理，增加与父母的隔阂。

3. 父母要改变自己的教育方式

父母要改变自己说话所用的语气、措辞、态度及行为。传统的教育方式收效甚微。父母改变教育方式比重复传统的教育方式更易成功。但也不要认为父母改变后女儿就会马上听话，她会用无数次的试探来看父母是否能够坚持。

4. 尊重和信任孩子

情绪本身不是问题，真正需要处理的是情绪导致的问题。

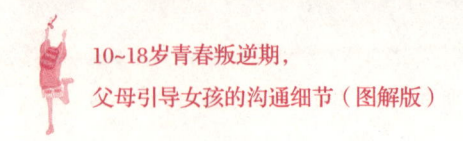

父母如果可以跳出在女儿面前的权威怪圈，和女儿平等地做朋友是更为理智的教育方式。由于朋友之间的平等关系，能让彼此之间的沟通更流畅，这样就不会为"听话与否"的问题与女儿产生分歧。

5. 父母要提高自身的影响力

父母对女儿的影响力来源于知识和榜样的力量。在平时生活中，父母要不断地学习，提高自身对知识的积累，通过渊博的学识让女儿信服。以身作则，言行一致，注重自身修养，树立自己的威信，成为女儿的榜样。即便是在与女儿交流时，也要做到心平气和、态度和蔼。

6. 对女儿多忍让

青春期女孩子比较叛逆，父母不要硬碰硬，不要跟女儿争高低，不要认为胳膊总是拧不过大腿的，而是对女儿适度忍让。如果与女儿发生冲突，作为父母应该懂得忍让，让孩子先顺利地度过青春期，这毕竟是女儿的人生必经路。

7. 对女儿多赞美、少批评

教育家认为，好孩子都是夸出来的，恰到好处的赞美是父母与女儿沟通的兴奋剂、润滑剂。父母对女儿每时每刻的了解、欣赏、赞美、鼓励会增强女儿的自尊心、自信心。父母应该记住这样一句话：赞美鼓励使孩子进步，批评抱怨使孩子落后。

8. 给女儿一个自由的空间

有时候女儿会专注于感兴趣的事情而忽视了父母所说的话，这完全在情理之中。父母应适当地多给女儿留一个属于她们自己的空间。这样孩子才有时间或胆量做自己喜欢做的事情。

9. 让女儿认识到什么样的行为是自己应该做的

多听话便会少用脑，这容易让女儿产生依赖的性格，不管对女儿的智力发展还是自主能力、创造能力的培养都非常不利。因此，最好的办法不是要女儿听话，而是要帮助女儿认识和感觉到什么样的行为是她自己应该做的，并且让其从中感受到许多乐趣。

"我讨厌老师"——如何应对女孩仇视老师的心理

家长的烦恼

心理咨询师接听了这样一个电话："我姓王，我正在为女儿雯雯的事情揪心，她到一所重点中学上初中之后，原来喜欢学习、成绩不错的她英语成绩越来越差，我已经连续好几次被老师请到学校去了。通过与孩子聊天我发现，雯雯的英语成绩下滑和她的英语老师有关系，雯雯说，'她一看到英语老师就烦,根本不想听英语课,也不想写英语作业'。但是,经过我的观察,那位英语老师是一位特别负责任、相当优秀的老师"。

心理咨询师问道:"你问过雯雯吗?她为什么不喜欢英语老师?"王先生回答说:"我问她为什么不喜欢英语老师,她很生气地说,'英语测验,我错了个单词,英语老师罚我每个单词抄写十遍;平时上课的时候,英语老师明明知道我没掌握好语法,但每次遇到有语法问题的时候,他总是要提问我,害得我当众出糗;还有,每天他都要布置一大堆作业,烦都烦死了。'你说,这该怎么办呢?我该怎么改变她对老师的看法呢?"

对这样的案例,心理咨询师模拟出了这样一段亲子对话:

孩子生气地说:"英语测验,我错了三个单词,英语老师罚我每个单词抄写十遍,太过分了,我不喜欢这样的老师。"父亲关注地说:"错了三个单词,老师罚你抄写十遍,如果是我也会烦心的,我上学的时候,就和你有同样的感受。"孩子问:"您上学时也是这样?"父亲回答说:"是啊,当时也认为老师是在罚我们,不会的题目也要再做几遍;卷面出错的题目,还要反复练习,大多数学生对老师的这种做法都有意见,不喜欢这么做的老师,结果功课越来越差。"孩子好奇地问:

"那您对老师没意见？"父亲回答说："和你现在一样啊，也不满意，但想到学习是自己的事情，如果我做得对，老师就没机会罚我啦。于是，我更加努力学习，后来才有机会考上大学的。"

孩子不喜欢老师、仇恨老师是导致孩子厌学的直接理由，但是，孩子为什么会那么讨厌老师呢？有的孩子没有得到老师的重视，在课堂上老师很少提问他，没有给孩子一定的学习机会；有的孩子对某科目的学习缺乏兴趣、成绩不好，即使老师没有批评、责备他，他也不喜欢这个科目的授课老师；还有的孩子因为违反纪律或者犯错误受到了老师的批评，使得孩子滋生出"仇视"老师的心理；有的孩子则是被老师冤枉过，但老师又没认真地承认自己的失误，使得孩子对此耿耿于怀，心里委屈而产生怨恨情绪。

心理支招

在生活中，有些青春期女孩不喜欢某一位老师，就不愿意上那位老师的课，做作业也会勉强应付，结果师生关系恶化，孩子的学习成绩直线下降。对此，父母束手无策。所谓"亲其师，信其道"，如何才能使孩子与老师亲近起来呢？

1. 不要指责女儿

如果女儿不喜欢某位老师，不要批评指责她。你需要及时与孩子沟通，耐心询问她"为什么你不喜欢那位老师"，了解

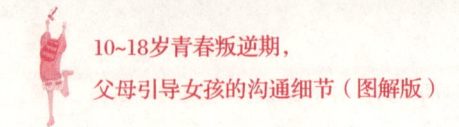

女儿不喜欢那位老师的真实原因。在倾听过程中，父母不要急于表达自己的态度，而是要关注她的心理活动，给孩子一个发泄、倾诉的机会。

2. 对女儿进行尊师教育

了解了女儿不喜欢某位老师的真实原因之后，父母要对女儿进行尊师教育，告诉孩子："老师也是人，和我们一样，难免会有缺点、错误，他也是不完美的。可能老师的某些观点有所欠缺，可能误解了你，这是可以理解的。如果仅仅因为老师的这些缺点而不尊重他，这是不对的。不管怎么说，老师是长者，是值得你尊敬的。"

3. 主动多与老师进行沟通

父母要主动多与孩子的老师进行沟通，向老师询问女儿在学校里的表现，取得老师的帮助和支持。同时，可以请老师多关心自己的孩子，包括提问、鼓励、表扬。另外，在批改作业时尽量详细一些，如有可能主动找孩子谈谈心，等等。这样，孩子很快就会改变对那位老师的看法。

4. 妙用激将法

老师大多喜欢那些成绩优异的学生，而对那些个性比较强的孩子，父母可以妙用激将法："老师不是不喜欢你吗，你就学好他教的课气气他。"这样，孩子成绩好了，与老师的关系自然就会好起来。

5. 认真倾听女儿的心声

当父母发现女儿对老师有抵触情绪的时候，需要给她创造一个宽松、自由的，可发表意见的氛围。例如，问："你觉得老师为什么不喜欢你？"让孩子能毫不隐瞒地讲出老师批评自己的原因，以及自己的态度和接受批评的心情。

6. 引导女儿学会换位思考

一旦发现女儿对某位老师产生抵触情绪之后，父母应引导孩子站在他人的角度考虑问题和处理问题。比如，用"如果你是老师，有学生在课堂上开小差，你会怎么办？"类似的问题，创造情景让孩子亲身体会老师的难处，这样能有效地改善师生关系，减轻或避免孩子对老师的抵触情绪。父母切忌在尚未明白事实真相之前就粗暴地批评女儿或对某位老师表示不满，这样不仅不能使女儿得到教育，缓解师生之间的矛盾，反而会增加女儿心中的抵触情绪。

"我讨厌你管着我"
——如何管教处于青春期的女孩

家长的烦恼

女儿今年15岁了，最近总是喜欢和我顶嘴，明明无理还要

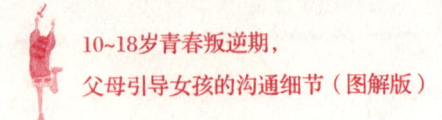

争辩。平时让她干什么事情,她总是等我发了脾气才会行动,而且时常挂在她嘴边的一句话就是——"要你管我?"

女儿平时不愿意跟父母交流沟通,处处与父母对立,不是频繁地发脾气并与父母争吵,就是乱扔衣服、不写作业,有时还会逃学、夜不归宿。父母没说两句话,女儿就会摔门而去,或者说:"得了,得了,我什么都懂,一天到晚瞎数落,我不需要你们管!"在学校与同学的关系也不和睦,说话尖酸刻薄。老师教育她时,嘴皮都说破了,她依然不动声色。父母为此都愁死了,不知道该怎么办。

心理学研究表明,进入逆反期的孩子独立活动的愿望会变得越来越强烈,他们觉得自己已经不是小孩子了。他们的心理很矛盾:一方面想摆脱父母,自作主张;另一方面又必须依赖家庭。这个时期的孩子,由于缺乏生活经验,不恰当地理解自尊,十分希望别人把他们看作是成人。

假如这时父母还把他们当成小孩子来看待,对其进行无微不至的关怀,经常唠叨、啰唆,那孩子就会感到厌烦,感觉自尊心受到了伤害,从而萌发出对立的情绪。假如父母在同伴和异性面前管教他们,其"逆反心理"会变得更强烈。

心理支招

许多父母经常抱怨孩子越来越不听话了,整天不想回家,不愿意与父母说心里话，做事比较任性。而孩子却认为，父母一天到晚唠唠叨叨，规定这不许、那不准，真是讨厌。显然，父母与女儿是在对着干。

1. 正确地"爱"女儿

父母应该意识到对女儿过分的溺爱，实际上是害了她。父母应对女儿既要爱护又要严格要求，对女儿不合理的要求不能无原则地迁就。假如女儿的企图第一次得逞了，之后就会习惯性地由着自己的性子来，到时候父母想管教也无能为力。当女儿生气时，父母应避免大声斥责。可以让她做一些能吸引她的事情，稳定其情绪，转移其注意力。等到女儿的情绪稳定之后，再耐心地教育她。

2. 对女儿应采取温柔的方式

父母不能因为女儿是自己生养的，想打就打、想骂就骂。这样的教育方式的效果适得其反。父母可以换个角度思考，站在孩子的立场教育孩子，正确处理突发事件。父母应以情感人，以理服人，毕竟小孩子一时半会儿会想不通，需要留给他们一些思考的时间。

3. 冷静地面对女儿的逆反心理

通常女儿不太懂得控制自己的情绪，当她对父母的管教不服气时，她可能情绪会比较激动，可能会冲父母发脾气，可能会有过激的言语和行为，这时父母千万不要跟着孩子一起着急，要想办法控制孩子的情绪，可以先把事情暂时放一放。即便孩子顶嘴，父母再生气也要保持冷静，控制好自己的情绪，不能一看到孩子顶嘴就火冒三丈，甚至对孩子拳脚相加。因为这样做不仅无助于问题的解决，反而会强化双方的对立情绪，孩子会更加不服气，父母会更生气，进而激化矛盾，不利于事情的解决。

4. 与女儿聊天

当孩子有了逆反的苗头时，要与孩子进行一次亲切的聊天，明确告诉她逆反心理是一种消极的情绪状态，父母、老师、同学都不会喜欢，会影响自己的人际交往。长时间下去，会变得蛮横无理、胡作非为，不利于自己身心和谐、正常地发展。父母可以告诉孩子：作为父母非常担心和顾虑她的逆反，她的逆反心理给身边的人造成很重的思想负担。

5. 父母的教育方式要保持一致

在面对孩子的教育问题，父母要保持一致的思想。不能父亲这样说，母亲又那样说；父亲在严厉地教育孩子，母亲却在一边护短。面对孩子的教育问题，父母可以先制订好策略，保持口径一致后，再与孩子进行交流。

6. 批评女儿要有技巧

不讲方法、不分场合地批评孩子；孩子犯了一个错误就会把她过去的种种错误全都翻出来；随意地贬低和挖苦孩子；教育孩子时连同她的人格一起批判，这些很多父母都会犯的通病容易引起孩子的逆反心理。减少孩子的对立情绪，父母不能滥用批判，批评孩子前先要弄清事情的原委，分清场合，更不要贬低孩子的人格，批评孩子时要照顾孩子的情绪。好孩子都是夸出来的，对孩子要多些表扬少些责怪，经常想想孩子的长处，关注孩子的点滴进步，寻找孩子身上的闪光点。这样一来，孩子平时受到的表扬和鼓励多了，犯错误时也容易接受父母的批评。

7. 尊重女儿独立的要求

有的父母出于对孩子的关心，一心一意地想让孩子在自己的庇护下长大成人，而进入青春期后的孩子开始有强烈的独立自主的要求，对父母强加给她的想法和观念十分不满，从而产生逆反心理，容易与父母产生冲突。对于孩子的合理要求，父母要支持尊重，不要对孩子发号施令，以免让孩子产生抵触情绪，对孩子要尽可能地用商量的口吻，如"我认为""我希望"，以此改善孩子与父母的关系，减少孩子的逆反心理。

8. 倾听女儿的想法

父母要善于营造聆听的气氛，让家里时时刻刻都能有一种"聆听的气氛"。这样孩子一旦遇到重要的事情，就会和父母商量。父母需要抽出时间陪伴孩子，比如，利用共进晚餐的机会，留心听孩子说话，让孩子觉得自己备受重视。父母需要做的是顾问、朋友，而不是长者；需要细心倾听、协助抉择，不插手不干预，仅仅是提出建议。

第4章

掌握青春叛逆期的教育要点，选用恰当的方法不和女孩较劲儿

家庭教育中，女孩和男孩是有差别的。父母需要避免女孩教育观念上的误区，尤其是对于青春期的女孩，更需要讲究教育方法，千万别和青春期女孩较劲儿。

你知不知道我们都是为了你好，再这样下去学习成绩肯定会下降的！
你们烦死了，我不要听了！
闺女，爸妈错了，对不起！
有了矛盾别火大，合理解决一家亲。

推动孩子自立——不要对女孩溺爱

家长的烦恼

王妈妈的女儿长得特别漂亮，她从小对女儿百般呵护。有一次，王妈妈在上班时突然想起孩子早上的脸色有点儿不好，不禁问自己："她会不会是感冒了？或者是生了别的毛病？"她越想越担心，于是马上放下手中的工作，请假后急急忙忙感到幼儿园里。结果，她看到自己的孩子正在那里开心地玩呢。

长大后，只要孩子一出门，爸爸妈妈便会十分担心，如果能陪伴肯定不会让她单独出门，对于担心她会遇到危险、被人欺负，或是被其他孩子给带坏了。对于爸爸妈妈的付出，孩子并不领情，反而觉得失去了自由。遇到这样的情况，爸爸妈妈该怎么办呢？

女孩从小需要被宠爱，但父母不能溺爱。"爱子如杀子"是几千年古人传下来的经验，它不是一句空话，只有正确的爱，孩子才会有自己的天地和观点。父母不要把自己的人生观、价值观、审美观强加给孩子；不要一味地满足孩子的不合

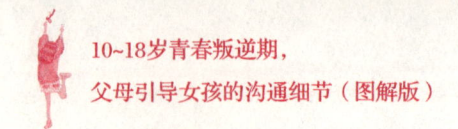

理要求，而是对孩子既严格，又给予一片宽松的天地，正确引导孩子的思想，教育孩子坚强地面对生活。

溺爱会让父母经常保持脆弱的神经，而这样的"脆弱"会连累孩子。父母经常性地担忧会感染孩子，让孩子也变得胆小怕事。父母对孩子的关心面面俱到、无微不至，导致他们对家庭，特别是对母亲过分依赖，并慢慢形成懦弱、胆怯和忧郁的性格，不仅使孩子的独立生活能力差，而且难以很好地与周围的人相处。

父母是女儿的第一任老师，一旦父母对孩子采取溺爱、迁就的教育方式，将女儿放到比父母还重要的位置，包办或代替她做一切事情，那时间长了，女儿就会变得以自我为中心。这样的孩子往往比较懦弱，而且不会考虑别人的感受。甚至，有的孩子在提出的要求得不到父母的响应时就会采取极端的方法。在孩子看来，自己的要求就是命令，而父母以前从来没有拒绝过自己，孩子在潜意识里根本就没有"自己得不到的东西"。

心理支招

父母对孩子的溺爱，大体有以下几种：

（1）特殊待遇。给孩子吃独食、过生日，让孩子充满优越感，变得自私、没同情心，不会关心别人。

（2）过分关注。由于父母的过分关注，孩子经常会无所适从，不但其主动性会受到影响，而且将会更加以自我为中心。

（3）凡事包办代替。家里的大小事父母都包办代替，即便孩子可以做的事情，父母也都全权处理了。

（4）小病大惊。孩子有一点点小病小痛，父母就会失去镇静，变得大惊小怪的。

1. 对女儿不要特殊对待

在家里，每位成员都是平等的。假如任何时候都给女儿特殊的待遇，有什么好东西都给她留着，会让女儿感觉自己是高人一等的。这样一来女儿就会感觉到自己的特殊地位，习惯于高高在上，长大后肯定会变得自私，缺乏同情心，不关心他人。

2. 不要以女儿为中心

在许多家庭里都习惯以女儿为中心，家里的事物安排几乎都会围绕她。即便是客人来，所谈论的也都是关于女儿的话题。这样太关注女儿，以她为中心，孩子便容易骄傲。女儿会觉得自己才是家里的中心，因而会更加肆无忌惮。

3. 别总是满足女儿的要求

父母对女儿的要求需要认真考虑，不能女儿要什么就给什么。有的父母总是担心她会生气，对女儿百依百顺，对孩子的要求有求必应，养成孩子不珍惜物品、追求物质享受、浪费金钱等不良性格。

4. 对女儿不能全权包办

许多父母担心女儿做不好事情，几乎所有的事情都会代替孩子去做，结果孩子到了十一二岁还需要父母洗衣服，十三四

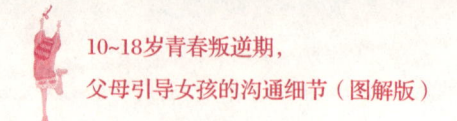

岁了还不会做简单的家务。在这种溺爱下长大的孩子不但不会变得勤劳，而且也会缺少同情心和上进心。

5. 对女儿不宜过分保护

实际上女儿并不是天生就娇弱，往往是父母对孩子过分的保护，导致孩子胆子越来越小。假如父母在确保孩子安全的情况下，少一些担忧，多一些鼓励，即便在孩子摔倒之后也不要大惊小怪，而是平静地对孩子说："宝贝，没事，赶紧起来，妈妈知道你最勇敢了。"这样孩子就会自己爬起来，也不会变得懦弱胆怯了。

6. 别总是袒护她

当女儿在外面和别的朋友发生了争执时，有的父母不管孩子是否做得对，总是偏向、保护自己的孩子。在许多家庭里，一旦孩子受到父母的惩罚，爷爷、奶奶总是会出面替孩子说话，时间长了，孩子就会将家里对自己管教较松的人当作是自己的"保护神"。这样的结果会导致孩子性格扭曲，甚至会影响家庭和睦。

7. 尽量把女儿接到身边来

许多父母因为工作繁忙，往往会把刚出生没多久的女儿交给爷爷、奶奶或外公、外婆带。这种隔代的抚养，往往会造成对女儿的溺爱，通常在这种环境下长大的孩子要比那些从小由父母带大的孩子更加娇生惯养。所以，在女儿记事以前，要尽可能地将孩子接到父母身边来。

第 4 章
掌握青春叛逆期的教育要点，选用恰当的方法不和女孩较劲儿

青春期遇上更年期——如何帮助女孩走出心理怪圈

家长的烦恼

15岁的小文很委屈地说："妈妈从去年开始就好像忽然变了一个人似的，每天怀疑这个怀疑那个，总是翻看我的手机、日记本、抽屉，每次都说是帮我收拾房间，却总是把我的房间翻得乱七八糟的。而且妈妈变得非常敏感，我在家说什么话、做什么事，她好像都看不顺眼，有时莫名其妙地就会骂我一顿。有一次同班一个男同学打电话问我作业的事，我妈妈听见是男生的声音就揪住不放，在电话里一个劲儿地追问人家的名字、家庭住址，以及为什么要给我打电话……我都快要崩溃了，我现在根本不想回家，不想跟妈妈生活在一起，只想走得远远的。为什么让我来看心理医生，我觉得她才最应该去看心理医生，我实在忍受不了跟她一起生活了。"

妈妈满腹委屈地说："我这样做难道错了吗？她这样的年龄正是学习的关键时期，她就不应该去谈恋爱，我是她妈，我不管她，谁管她？"

母亲和女儿都没有错，而是青春期遇上了更年期。母亲和女儿都处于两个动荡的人生阶段，在原本就狭小的家里，坏情绪的张力是极大的，一旦两者碰撞到一起，就会发生各种矛盾

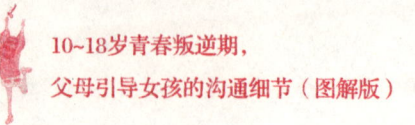

冲突。

青春期是女孩生理发育上的突变期，个体的生理发育迅猛，在一系列生理变化的推动下，个体的心理进入了以智力的发展、自我意识的增强、性意识的觉醒和发展，以及情感的丰富和矛盾为特征的飞速发展和变化的时期。智力的发展和自我意识的增强，使女孩独立意识空前高涨，希望摆脱控制，要求自己做主。而性意识的觉醒和矛盾的情感体验，会让其母一时无法适应，本能地加强对孩子的监控，于是就会产生母女间的冲突。

受中国传统文化影响的父母是拥有极强的家庭权威感的，遭到孩子的挑战自然是不会甘心的。特别是独生子女的父母，在孩子小的时候过于宠爱孩子，让孩子养成了坏脾气，到了青春期更是会感觉失控。加之社会的快速发展，令两代人的观念和行为方式的差距拉得更大，没办法互相认同，亲子之间更容易起冲突，再加上父母也处于更年期，若发生冲突就会如火星撞地球，最后闹得不知该如何收场。

心理支招

青春期女孩表现出叛逆心理，渴望自由、无拘无束、有自己的思想，而大多数更年期的父母焦躁、烦闷，遇到不如意的事情易脾气急躁。当孩子做错事或是有看不顺眼的地方，就会一顿责骂，有的甚至会对孩子拳脚相加。父母的爱心需要体

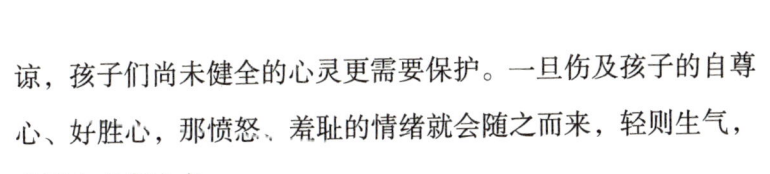

谅，孩子们尚未健全的心灵更需要保护。一旦伤及孩子的自尊心、好胜心，那愤怒、羞耻的情绪就会随之而来，轻则生气，重则会离家出走。

这会让更年期的父母难以理解，"为什么我们一心为她好，她却这样对我们，还离家出走，我们到底有哪点儿对不起她"。人与人之间最重要的是沟通，是理解，孩子把自己的想法说给父母听，父母也要配合孩子，给他们创造一个宽松的空间可以畅所欲言，不要给他们太多的压力。孩子毕竟是孩子，阅历尚浅，有许多方面还需要父母多包容。

1. 和女儿做朋友

父母毕竟是成年人，在家庭中处于主导地位，应率先从自己的言行上作出表率，发出和平的信号，赢得女儿的理解，平复女儿的情绪。父母要和女儿建立平等的关系，学会和女儿做朋友，尊重女儿，信任女儿，给女儿适当的空间去做自己的事情。比如，进女儿的房间要先敲门，不要追查女儿的电话和日记等；当女儿想要和同学们出去玩或者做一些自己喜欢的事情，在能确保女儿安全的前提下，问问女儿的需求，为她提供她所需要的帮助。

2. 学会倾听女儿的心里话

父母一定要学会倾听女儿的心里话，听听女儿在学校的趣事，听听女儿讲讲自己的理想，说说自己的朋友及兴趣爱好，等等。站在女儿的角度，跟上时代发展的步伐，去了解女

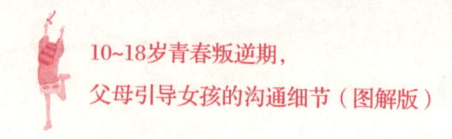

儿感兴趣的事物。这样做一方面有助于了解女儿的心理状态，另一方面可以找到和女儿更多的共同语言，与她建立起沟通的桥梁。

3. 鼓励和支持女儿

父母要学会鼓励和支持女儿，每天找出女儿表现良好的大事小情，在言语和行动上给予支持与鼓励。俗话说，好女儿都是夸出来的，不是挑剔出来的。一味地指责和挑剔，只能让女儿感觉到自己一无是处，对家庭感到恐惧和怨恨。

4. 不要总盯着女儿的成绩

如果父母总紧盯着女儿的学习成绩不放，会引起女儿的紧张和焦虑。这不利于学习成绩的提高，反而可易导致女儿厌学。允许女儿的成绩有起伏，鼓励和帮助孩子自己寻找解决问题的办法。女儿在学校里有老师每天监督其学习，父母需要做的是在家为女儿创造一个轻松愉悦的成长环境。当女儿心理健康、积极向上，父母又对她信任、支持、尊重和理解，女儿会懂得应该做什么，怎么去做的。

5. 与女儿签订协议

父母不妨和女儿签订一个协议，相互约定几项具有操作性的条例，然后积极地去执行。比如，当父母发现自己情绪不稳定或女儿情绪不稳定时，双方各自先冷静一段时间，之后再互相心平气和地进行交流。允许女儿和父母犯错误，不过犯错误的一方需要及时向另一方道歉，并争取下次改正，等等。

6.爸爸要做好"和事佬"

当更年期的母亲遇到青春期的女儿时，就需要父亲在家庭中充当重要角色。在母亲与女儿之间，父亲就是润滑剂和监督者，监督母亲和孩子之间遵从所签订的协议，并积极执行。毕竟，一个和谐温暖的家庭环境，可以有效地平复青春期和更年期的心理动荡。

叛逆女遇上唠叨妈——避免对女孩过度说教

家长的烦恼

妈妈早早地起床后一边收拾房间，一边为孩子准备早餐。早上6:30，牛奶、面包准时放在桌子上，妈妈就开始一遍一遍地叫孩子起床。不知妈妈叫了多少遍，一直到快7:20了，孩子才懒洋洋地起来。胡乱地刷牙、抹了两把脸，孩子坐到饭桌前用最快的速度对付着这顿早餐。

这时妈妈在为她整理房间，收拾脏衣服，嘴里还不停地唠叨："你看看你，多大的孩子了，还总是把房间搞得特别乱。早上也不早点儿起来收拾收拾，喊你起床都要喊很多遍，现在知道早餐凉了吧。吃饭慢点儿，别那么急，当心噎着……如果你早点儿起来就不会这样了……"

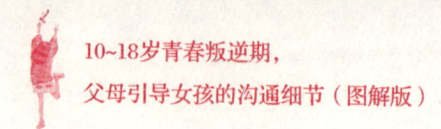

孩子对妈妈的话充耳不闻，只顾把吃的、喝的填进肚子里，然后用手背抹抹嘴，抓起妈妈早已为她放到客厅沙发上的书包，转身就往外走。妈妈追在孩子的身后喊着："急什么呀，就吃这么几口呀，一上午的课呢，会饿的。哎，上学的东西都带齐了吗？别又落点儿什么，每天都得让人提醒……"

唠叨，基本上表现为机械地重复陈词滥调，类似的话需要反复说很多遍，而且几乎是每天都在说，就好像一只讨厌的苍蝇在嗡嗡地飞一般。对于父母的唠叨，听得孩子耳朵里"磨"出了老茧，身心也被折磨得急躁不安，使孩子心烦意乱，没办法进入正常的学习状态。而且，父母唠叨的内容大部分指向的是孩子的弱点和缺点，没完没了的数落和冷嘲热讽，大多是"不许这样""不要那样"等，让孩子感觉她不受尊重。

父母过分的唠叨会让孩子产生自我保护式的逆反心理，他们会采取消极对抗、沉默不语，甚至与父母针锋相对。心理学家认为，没有十全十美的孩子，也没有十全十美的父母，假如父母苛求完美，唠叨个没完，让孩子感到厌烦，结果是父母无论说什么，孩子都听不进去。

心理支招

心理学家认为，父母总反反复复地说同样的话，会让孩子产生一种习惯性的模糊听觉。即明明在听，却怎么也听不进耳

朵里去，这是长时间重复听同样的声音而产生的一种心理上的不在乎。重复性的唠叨只会让孩子心烦，同时对父母的唠叨产生依赖感。渐渐地，父母不唠叨，孩子的事情就做不好；而批评性唠叨容易加重孩子的心理负担，让孩子对自己越来越缺乏信心，甚至会产生强烈的逆反心理；随意性的唠叨会让孩子养成注意力不集中的习惯，孩子对需要记住的事情也经常当成耳边风。

尽管父母有责任对子女的不当言行及思想进行批评教育，不过一定要注意方式，不要没完没了地唠叨。因为唠叨不仅起不到效果，反而会产生许多负面影响。

1. 切勿对女儿信口开河

父母在对女儿进行说教时，切勿信口开河。比如，有的父母规定女儿做好作业再开饭，但心里又担心女儿会肚子饿，对她说："你饿不饿？快吃快吃，饭都凉了。你到底还想不想吃饭？"这种自相矛盾的话，反映出父母"说话不算数，没有威望"的特点。所以，父母在开口前要经过一番理智的思考，不能信口开河。

2. 对女儿不要采用命令式的唠叨

父母多和女儿说悄悄话，说话时尽量低声，这是家庭关系和谐的一个重要因素，也有利于避免造成紧张气氛。如果让女儿做某件事情，可以用亲切的语言在她耳边轻轻地告诉她，特别是对于年纪较小的女孩子。事实上，悄悄地说一句话要比大

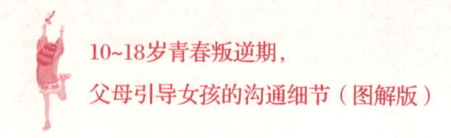

声呵斥的作用大得多。

3. 不要对女儿每件事都唠叨

尽管父母喜欢对女儿讲话,不过许多话并没有说到点子上。正所谓事无巨细,如果对每件事情都反复强调与叮嘱,反而会搞得家庭不得安宁,父母为女儿不听话而生气,孩子在繁杂的语言环境中安不下心来做功课,结果往往会适得其反。

4. 女儿需要指导,而不是唠叨

父母的指导应是言简意赅的、亲切的,这是一种促进、鼓励女儿独立处理问题的方法,可以使孩子情绪稳定,心情愉快。而唠叨带有责怪、警告的成分,表现出对女儿不尊重和不信任的态度。唠叨让女儿厌倦、反感、苦闷,会让孩子形成行为惰性,不说几次,孩子就不会去做,导致一种恶性循环。

针尖对麦芒——如何化解与女孩之间的矛盾

家长的烦恼

妈妈说起女儿的不是时就气不打一处来:"我们一起吃着饭,她就开始说起了班上某个男生的事情,说什么足球踢得好,人也长得英俊,成绩也很好,还说她们班里的女生都快被他迷疯了。上次考试没考好,我就觉得她有原因,原来是因为这个。"

女儿小萌毫不示弱："我平时都不怎么跟我妈交流，她总是听风就是雨，然后唠叨个没完。那天吃饭觉得妈妈心情还不错，就跟她聊了几句班里的事情，谁知道还没说完，她就生气地说，'不把心思放在学习上，你管人家男生干什么？你看你这样，能有什么出息'！我听了觉得特别委屈，我和妈妈讲这件事情是觉得好玩，谁知道她突然就翻脸了。"女儿小萌越说越伤心，"虽然我自己的成绩在班级排前三四名，但妈妈就是不满意，每次看到考试卷子就开始埋怨我，一直能埋怨到下次考试成绩出来，然后换个话题再继续埋怨。"

妈妈对女儿的表现也很伤心："我也不知道为什么总觉得她别扭，总觉得她不够努力，不够优秀，一旦她做的事情和我预想的不一样，我就生气，有时甚至会感到绝望，她好像故意在跟我作对，我让她做的事，她总是找理由不做，还时不时地给我脸色看，她以前很听话的。"

母亲说自己和女儿之间的矛盾是现在家里的"主要矛盾"，痛苦万分的母亲向心理咨询师咨询后，给女儿写了一封道歉信——"由于你弄丢了东西、在课堂上说话、成绩下降、剪了一个妈妈不喜欢的发型、和同学煲电话粥，妈妈是多么粗暴地对待了你，大声地责骂你……女儿，感谢你的宽容，即便我刚刚责骂完你，你还是会待在我身边亲热地叫我妈妈；感谢

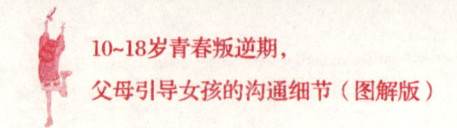

你的存在，让妈妈意识到在生活中的责任。我多么希望我们母女二人能够永远和睦相处，成为彼此最亲密的人……"

在家庭的传统教育中，孩子听父母的话是理所当然的事情，父母往往不太尊重孩子的意见。经常是父母决定很多事，包括填报高考志愿、找工作和选媳妇等所有孩子的人生大事，扼杀了孩子的个性，最后让孩子成为没有主见的人。随着社会的不断进步，现在的孩子变得越来越有自己的看法了，不再对父母的意见唯命是从了。于是，父母与孩子产生矛盾。

心理支招

父母和女儿解决矛盾的方式，不管是在目前还是在以后都会直接影响到孩子和其他人相处的态度。假如父母常常以蛮横或暴力的方式去解决问题，使她在家里没有学到正确的解决矛盾的方法，在她进入青春期后就会产生很多问题。在每天充满争吵、暴力或回避矛盾的家庭环境下长大的孩子，通常不懂得怎么样去解决和同龄人、父母之间的分歧。

1. 不要对女儿做无原则的让步

当矛盾产生的时候，有的父母表现得过于宽容，因为他们不想伤害女儿的感情，更不愿意听到女儿说："我恨你们。"通常这类父母在其年幼时受到过严厉管教，所以会采取完全相反的教育方法。这类父母会十分感慨地说："我希望女儿觉得她的父母都是平易近人的，就像她的朋友一样，她在我们面前

可以无拘无束、自由自在地生活。"在与女儿发生冲突时,这类父母有时不得不对孩子做出让步,因为这类父母不想破坏和孩子建立起来的良好关系。

不过,无原则的让步会使女儿养成以自我为中心的性格,变得调皮捣蛋,难以控制,成年后会成为一个自私自利的人。父母要用纪律约束她,让女儿成为一个懂得自律的人。在女儿情绪暴躁的时候,父母要想办法让她安静下来,习惯对女儿说"不",让女儿知道,并非什么时候都是她说了算,使她慢慢地学会为别人着想和尊重父母。

2. 不要一味地回避与女儿的矛盾

当女儿在学校考试作弊被老师抓到之后,若她的父母说:"我的孩子是不会这样做的。"这样的父母通常不愿意正视孩子所犯的错误,当问题出现时,他们的第一反应就是回避问题。青春期女孩具有叛逆性,要说服她们并不是一件容易的事情,有许多父母不愿意和女儿正面交锋,而是采取冷处理、回避矛盾的方法。尽管适当的降温是一件好事,不过一味地回避矛盾,会使女儿长大后不懂得如何正面解决矛盾。

父母要习惯和女儿面对面地解决矛盾,如果问题没有马上得到解决,忽略矛盾的存在,会让父母的心情变得焦虑和压抑。这种不良情绪积聚到一定的时期就会像火山一样爆发,会使父母把怒火发泄在孩子身上。结果只会加深孩子的对抗情绪,把事情弄得更糟。

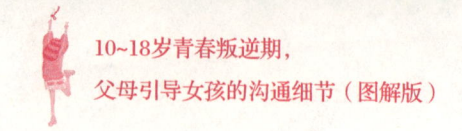

3. 避免专制地解决矛盾

有些父母会经常大声斥责女儿，甚至使用羞辱和恐吓的方式，他们中的大多数并不认同这样的做法，但就是控制不住自己的情绪。在这样的家庭教育下成长起来的女儿，长大后会走向两个极端：要么成为一个专横跋扈的人；要么成为一个恐惧矛盾的胆小鬼。当父母愤怒地责骂女儿时，可以想一想自己愤怒背后的意愿。假如女儿在自己情绪不佳时顶撞自己，不妨暂时离开一会儿，等自己的心情平静后再继续与她讨论，这样会收到良好的效果。

父母可以用简单的话语表达自己的要求，毕竟长篇大论的谈话会慢慢演变成批评和指责，会让孩子生厌。父母可以简单地说，"是做作业的时候了""你该整理一下床了"，或者干脆不说话，只是在孩子看得见的地方贴上字条就行了，这样的方式会让孩子感到自己受到了尊重，也会比较容易接受父母的意见或建议。

4. 与女儿商量

当父母和女儿的意见发生冲突时，采用和女儿商量的方式，帮助女儿学会怎样客观地看待问题，更容易被孩子接受。比如，"你可以帮我把东西拿回来吗？""你可以再仔细地考虑一下吗？"商量型的家庭教育需要采取折中的方法，双方都要做出合理的让步。商量过程中需要掌握好退让的原则，切不可放弃父母的权力。父母可以把不可商量的事情列出来，

比如"尊重个人隐私""先做作业，后玩""晚上10点以前睡觉""每个月的零花钱有定额，不能超支"等，让女儿预先知道这些原则。当你和女儿商量时就有据可循、掌握主动权了。

5. 引导女儿怎么做

引导型的家庭教育方式是解决父母和女儿之间的矛盾的最好方法。父母可以平静、明确地指出女儿行为的后果，可以说，"你要怎样做，才能干什么""如果你不这样做，我就会那样做"等。这样的话听起来合情合理，不带任何恐吓成分，让女儿明白要对自己的行为负责。

要成为引导型的父母，需要对女儿的要求越具体越好，比如，"在周末收拾好你的房间后才能出去玩"，父母的要求越具体，女儿就越愿意按你的要求去做。假如女儿还是不听话，那父母就要把自己的话付诸行动，让她明白父母是说话算数的，自然父母的威信也就能树立起来了。

亲子关系紧张——如何升温与女孩的关系

家长的烦恼

父母最近很头疼，他们与女儿小璐的距离越来越远了，平时女儿放学回家就直接到自己的卧室，吃饭时他们想和她多

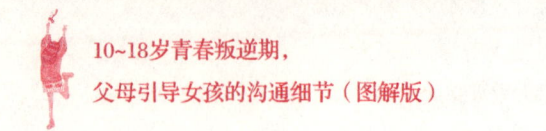

说几句话，小璐也只是敷衍几句就了事了，吃过饭之后，便又回自己的卧室。父母想叫她一起看电视，小璐也只说不想看就走了。

父母思考了很久，不知道到底是从什么时候开始和女儿的关系越来越差，也不知道关键问题到底在哪里。父母去学校询问过她的老师，但老师给出的建议也没有让他们的关系有好的起色，每天家里的气氛都是很严肃或冷漠的。

父母极力想改变这种现状，但是苦于毫无头绪。

现代社会，出现了越来越多的青春叛逆期女孩子，且青春叛逆期限不断地延长，这主要是因为父母们不懂如何走进女儿的心里，如何和女儿们正确地交流。每当孩子遇到问题，想向父母们咨询、交换意见，或许是表达方式的问题，会遭到父母的教训和打骂。这样不正确的沟通方式，只会让父母和孩子之间的距离越来越远。

实际上，只要父母愿意去理解、宽容、尊重和关注女儿，想要改善与女儿的关系并不难。随着年龄和阅历的增长，女孩开始有自己的想法，这时她们还没办法分辨出想法的好坏，同时天性比较敏感，如果父母没办法给予她们理解、宽容、尊重和关注，她们就会关注自己，甚至产生逆反心理，造成父母和女儿关系的疏远。

无论女儿与父母的关系如何，女儿都渴望被父母关注，也

需要父母对她的人生进行正确引导。一旦父母和女儿的关系变得疏远，女儿便会开始怀疑自己的能力，对人生观、价值观都会产生怀疑，导致其性格大变。

如果父母与女儿关系疏远，会造成许多负面影响，比如女儿提早进入青春期、早熟等，心理上也会产生强烈的自卑感。不管女儿独立与否，内心都渴望得到父母的关怀、肯定和认同。假如父母与女儿关系不好，女儿内心自卑的种子会不断萌芽、成长，甚至影响到正常的生活。

心理支招

青春期女孩有一些想法，或许并不成熟，考虑也不太周全，这时做父母的尽管有责任和义务去避免孩子犯错，但是更应该小心地顾及她的感受，愤怒、指责、批评甚至打骂最容易伤害父母与女儿之间的感情。

父母要想与女儿的关系升温，可以参考以下几种方法。

1.注重亲子教育

女儿非常在乎父母是否能全身心地投入到关注她们的成长中。有的父母尽管与女儿常年在一起，但也疏于与女儿的经常性沟通。大多数父母都以忙为理由，忽视亲子教育。父母的亲子教育应走在生理、心理发展的前面，应全身心地投入对女儿的教育中，不断学习，提升教子能力，以赢得女儿的尊重和爱戴。

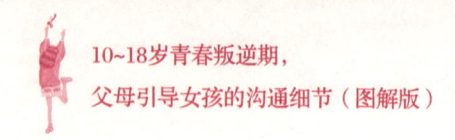

2. 与女儿成为朋友

在女儿的心中,非常希望妈妈成为知己,爸爸成为最好的朋友。父母想要与女儿关系升温,不仅要理解、宽容、尊重和关注女儿,还应该想办法成为女儿的朋友。

3. 平等进行情感交流

人是有感情的动物,女孩也不例外。父母在平时应多注重和女儿进行情感交流,不要因为是父母就觉得放不下面子。女孩子因为不够理性,许多事情考虑得并不全面,如果此时可以得到父母的帮助,她就会对父母产生崇敬和感激之情。

4. 多花时间陪伴女儿

父母即便工作再忙,也要抽出一定的时间和女儿交流,经常听听女儿的想法,了解女儿在学习和生活中的困扰,并帮助她解决这些困扰。父母需要花很多时间关注女儿在成长过程中的细节,有些细节会影响女儿的健康成长,千万不能忽视。与女儿交流多了,亲子间的关系自然而然就改善了。

5. 尊重女儿

有些父母看到女儿犯错,便会当起"法官",而女儿的内心世界丰富多彩,她有自己的看法和观点。父母应积极地影响、教育女儿,了解其内心。这意味着父母要与女儿成为朋友,经常沟通。

6. 让女儿知道父母的关心

让女儿知道她的行为,以及父母对她的关心。比如女儿

放学后很晚回家,父母可以告诉女儿"你这么晚才回家,我会担心你的安全"。父母和女儿可以利用"互换角色"的游戏,让女儿了解彼此的处境和感受。当家庭面对困境时,父母也可以坦白地告诉女儿,让女儿明白谅解,那女儿自然就懂得感恩。

7. 给女儿提供一定的自由空间

父母最大的挑战是怎么样平衡好与女儿保持亲密关系的同时,给予女儿一定的私人空间。对于那些处于青春期的女孩尤为重要。

8. 敢于向女儿认错

许多父母明明知道自己的做法是不对的,也不会向女儿承认错误,认为这是丢面子的事情。假如父母发现自己有错误和缺点,需要及时承认,在适当的时候,向女儿表达自己的歉意。告诉女儿,父母与她一样,正在努力成为一个更好的人。这不但能给女儿起到很好的榜样作用,也会给女儿传达一个信息:做错事要勇于承认错误,承担责任。

9. 不吝惜赞美女儿

当女儿做了正确的决定或事情时,父母要及时表扬她。赞扬会让女儿觉得自己的决定和成功是受到重视的,同时自己的能力是得到肯定的。当女儿犯错时,也不要采用打骂等简单粗暴的方式惩罚她,而是要与女儿讲事实、摆道理,通过交流让女儿认识到自己的错误。这并不是对女儿放任不管。对女儿的

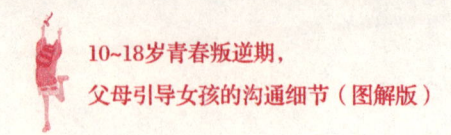

错误严肃指出，并做出相应的解释，让女儿明白自己错在什么地方，需要怎么改正，最终使问题得到很好的解决，在很大程度上也改善了亲子间的关系。

第5章

看透青春叛逆期的早恋心理,为女孩建立正确的恋爱观

早恋是青春期女孩在成长过程中遇到的一个比较常见的、令父母困扰的问题。父母最需要保持冷静的头脑,正确引导女儿看待早恋问题,帮助她克服困难,度过那段苦涩的岁月。

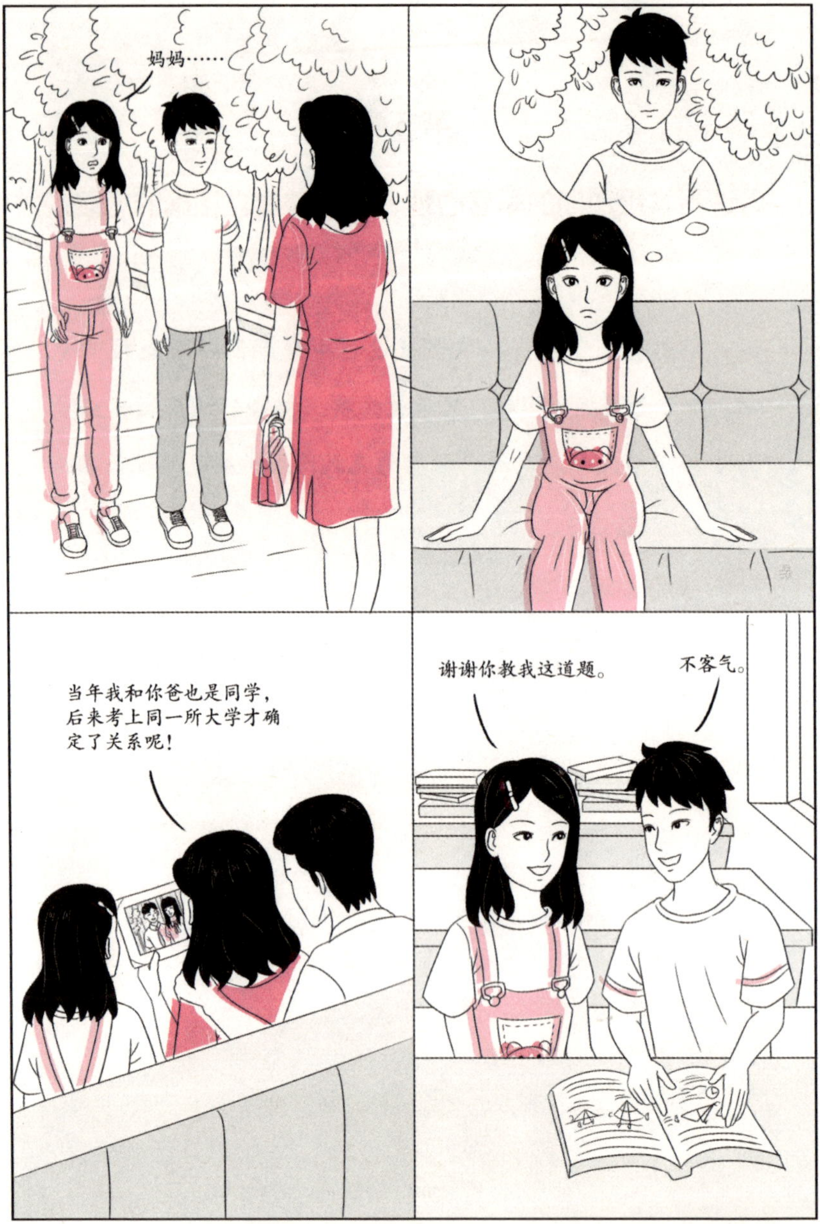
妈妈……
当年我和你爸也是同学，后来考上同一所大学才确定了关系呢！
谢谢你教我这道题。
不客气。

第 5 章
看透青春叛逆期的早恋心理，为女孩建立正确的恋爱观

"我对异性朋友有莫名的好感"
——对女孩做好早恋的预防工作

家长的烦恼

最近，张妈妈无意中浏览到这样一条帖子"为孩子找性家教的进来看"，具体内容是"本人，男性，曾尝试做过两次性家教，分别对一名初一男生和一名高一男生进行性心理辅导。对于青少年性教育，我可以给你的孩子带来丰富的性知识，使他们避免过早的两性接触，让他们顺利完成学业"。

看见这条帖子，张妈妈心中一动，她坦言："如果他是一位女孩，我一定会让她给自己的女儿补补课。女儿进入青春期以后，突如其来的生理变化常常让孩子手足无措，但又不好意思问父母。我女儿现在正在上高中，她爸爸每天忙着做生意，照顾孩子的生活起居以及督促孩子学习的担子就落在了我的身上。虽然说我们母女两人平时相处得比较融洽，但性教育这个敏感的问题让我觉得很棘手，由于两代人之间的代沟，有些话不好意思开口。如果有和孩子年纪相仿的人能跟孩子谈这个问题，正确引导孩子，就再好不过了。"张妈妈继续说，"上个学期期末考试之前，女儿跟我说，班里有个男生喜欢她，但她

不喜欢这个男生。我当时就跟女儿说，如果喜欢那个男生，就应该和他在学习上互相帮助，互相鼓励，千万不要荒废了学业。在说这些话的时候，我虽然表面看起来很坦然，但心里却是忐忑不安，担心女儿跟那个男生发展下去。我知道跟女儿说这些不会起太大的作用，但是又不知道该怎么来引导孩子。我觉得在早恋这个问题上一定要给孩子正确的教育。"

青少年教育专家称，处在青春期的女孩子，她们在与同性同龄人形成亲密朋友关系的同时，由于性的萌动导致对异性的关注，这种关注在青春期会不断增强，以至于对某些特定的异性产生爱慕之情。其实，这本身是一件很正常的事情，父母不要一味地担心与干涉。父母应该信赖女儿，尽量以朋友的身份、平等的身份与她谈心，引导女儿处理好感情问题，培养女儿约束自己的能力。

女孩子早恋大多是青春期朦胧、单纯的爱，她们对两性之间的爱慕似懂非懂，根本不知道如何去爱，只是觉得和对方在一起很开心，感觉到对方对自己有吸引力。这样的情感缺乏成年人在谈恋爱时对家庭、政治、经济等多方面的深沉而理智的考虑。大量早恋的案例表明，女孩子早恋成功者实在太少，随着两个人各方面的不断成熟，性格、理想等方面的变化会引起感情的变化，造成感情的不稳定。这些也是父母担心女儿早恋的原因之一。

第5章
看透青春叛逆期的早恋心理，为女孩建立正确的恋爱观

心理支招

随着人们生活水平的普遍提高，青春期女孩子得到了更充分的营养供给，再加上社会环境有形无形的"性"刺激，许多女孩子性成熟的年龄提早到来，谈恋爱的年龄也越来越早。对这样的情况，父母应该有一定的思想准备，不能采取"自然教育"的方式任其发展，更不能粗暴对待。在早恋这个问题上，父母应该及时给女儿打好"早恋"的预防针。

1. 对女儿进行性教育

家庭教育包括很多方面，父母千万不要将某些教育推给学校，而是需要自己亲力亲为。当女儿进入了青春期，父母应该对她进行性教育，以及适当的恋爱、婚姻教育，打好早恋的预防针。如果发现女儿有早恋的苗头，不要慌张，而是要对她进行热情的帮助，不妨对女儿说："哪个少年不钟情，哪个少女不怀春，我是过来人，在你这个年纪，会特别喜欢一个男生，这是很正常的，但这样的喜欢只能保持在友谊的层面，不能成为恋爱，因为你们正处于长身体、学知识的黄金阶段，心理、生理发展尚未成熟，如果因为早恋而荒废学业，这是非常可惜的。"

2. 冷静面对女儿的早恋

某些父母发现女儿早恋了，就责骂她，甚至冲到学校及对方的家中，或者向亲戚朋友诉苦，结果把整件事情搞得满城风

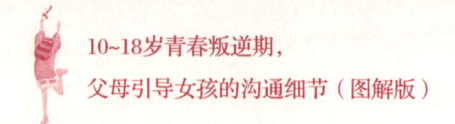

雨。其实，如果发现女儿早恋，最好的办法就是理解她，耐心倾听女儿的诉说，给她热情、严肃的忠告，运用"冷处理"的方式。

"我喜欢他，但他不喜欢我"
——引导女孩走出寂寞单恋

家长的烦恼

这天，李妈妈急匆匆地跑进朋友开的心理诊所，上气不接下气地说："不好了，我女儿离家出走了！"朋友端来了一杯开水，关切地问道："怎么了？出什么事情了吗？"李妈妈喘了一口气，才缓缓道来："我也是看了孩子的日记才知道整件事情的原委，我女儿今天刚上初二，9月，班里转来一名外地的学生，他是一名高个子男生。女儿对他印象很好，而那名男生有一个习惯，每次路过女儿桌子的时候，总是用一只手按在女儿的桌面上，同时总是面带微笑，这让女儿觉得很温暖。而那名男生主动与女儿搭话时，经常会向她问一些难题，因为我女儿在班里学习成绩一向不错。"停顿了一会儿，李妈妈继续说，"后来，那名男生还主动拿着饭盒找女儿一起吃饭，女儿觉得他的一举一动，都表示他喜欢上了自己。就在国庆节的时

候，男孩去了西安，买了几个石榴仙子的吉祥物，回来时送给了女儿一个，说是可以当钥匙链儿，女儿以为这是他给自己的定情物。但是，没过多久，女儿发现他又与同班的另一名女生坐在一起吃饭，时而说笑，时而打闹，女儿觉得那男生背叛了自己，气得不上学，也不回家。"

经心理医生分析，案例中的女孩子所患的是典型的钟情妄想症。心理医生说："青春期女孩子得这种病的人很多，只是轻重不同而已。"直到女孩子正式开始心理治疗之后，她还偷偷地告诉医生"我坚信他一直喜欢着我，我把他当成自己唯一喜欢的人"，但这一切，那位男生并不知情。给女孩子诊断的医生说："这是明显的钟情妄想症，是青春期女孩子很容易出现的症状，这种症状的特点就是确认有异性喜欢自己，而且把这位异性当成是自己唯一喜欢的，甚至认为对方不能与其他人交往。这个女孩子在与那名男生交往的时候，还经常想象着要与他一起私奔。她羞于向那名男生表达，一直埋在心里，精神受到打击后她已经出现精神分裂的症状了。"

在青春期，女孩子性心理开始成熟，思想活跃，尤其对异性更加敏感。有的女孩子知道自己心仪的异性并不喜欢自己，但耳朵里却经常出现幻听的现象，她不希望对方再喜欢其他人。面对青春期苦涩的"单恋"，许多女孩子能够正常处理：有的女孩子把对他人的好感深埋在心底；有的女孩子则大胆表

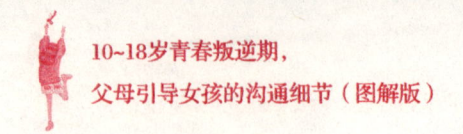

白，遭到拒绝后能够使自己的内心平静下来；有的女孩子发现自己喜欢的异性"喜欢"上其他人后，反而会努力学习，把这种感情挫折当作自己学习的动力。而少数女孩子则跟案例中的女孩子一样，会患上钟情妄想症。

心理支招

情感受挫是青春期女孩子会遇到的问题，较多的则是有早恋倾向的问题，比如苦涩的单恋。教育家苏霍姆林斯基曾说，"教育要善于把握分寸，要有敏锐、体贴入微的态度，以便让爱情作为一种能使人高尚的珍贵情态，进入成长的年轻一代的精神生活中去"。对待女儿苦涩的早恋，父母不要对她讥讽、责骂，而是应理解女儿，引导她慢慢地走出"单恋"的泥沼。

1. 引导女儿正确看待"单恋"

父母可以告诉女儿"进入青春期的女孩子，对异性存有好感，这是正常的心理现象，是生理和心理发育的结果。如果某个异性同学表现很优秀，引起你更多的注意和好感，这说明你是一个追求成功的女孩子。你对异性怀有单方面的好感，这并没有错，但错在你自己没有把握好度，过了这个度，你就会想入非非，自寻烦恼了。如果你觉得对方很优秀，那么，你更应该珍惜时间、努力学习，让自己变得跟他一样优秀"。

2. 了解女儿"单恋"的原因

心理学家认为，感觉只是人们认知客观事物中的一种初级形式，它所反应的只是事物的个别属性，有时往往会对事物产生不正确的反映。对此，父母可以询问女儿"你喜欢对方的哪些方面"，了解孩子单恋的原因以后，要及时告诉她"你这种产生在感觉基础上的爱恋，并不是真正的爱情，不要过分相信自己的感觉，免得作茧自缚"。

"我的心思不在学习上了"
——别让早恋影响女孩的学习

家长的烦恼

一位苦恼的妈妈讲述了自己女儿早恋的事情：我女儿今年16岁，刚刚上高一，她从小学到初中学习成绩都很优秀，现在也是班里的前几名。但是，前不久，我发现她喜欢打扮自己了，穿衣服也时髦起来，越来越讲究了。结果，学习成绩直线下降。期中考试的时候，她在班里的排名还不错，但是到了高一期末考试，就出现了一门功课不及格。而其余的几门功课也都是六七十分，我到学校询问女儿的学习情况时，老师反映说孩子有早恋现象，她跟男同学走得很近。

一听这话，我就束手无策了，只能在时间上控制她，我在学校看见了几回，被我及时制止了。有时候，家里有男同学来电话，我就给挂了。其他办法我也想不出来，我不知道该怎么办？我问她的时候，开始她不承认。现在，她总算是默认了。我打听了一下，跟她恋爱的男同学是她们班里的团支部书记，两人都很优秀。在学校老师也没办法，现在两个人的学习成绩全都下降了。其实，如果两个人的成绩都提高了，我可能就会睁一只眼闭一只眼了。可现在两人的学习成绩都下降了，我使用强硬的方法不行，不强硬也不行，我怕孩子被耽误了，但是却一点儿办法也没有。

对此，心理医生是这样分析的：在青春期，大多数女孩子都会陷入对异性的眷恋期，但是，这会不会成为影响学习的早恋行为，需要具体分析。如果已经影响了孩子的学习，那么，父母应该想办法解决。就你女儿的状况，现在两人的学习成绩都已经下降了，下个学期又会怎么样呢？以前，一个是团支书，一个是班长，两个在一起挺合适，但是，两人成绩都下降了，感情本来是互相仰慕，现在成了互相悲悯，还会合适吗？当然就会不合适了。

在上面这个案例中，涉及"早恋到底对孩子的学习有没有影响"这一问题。对于这个问题，众说纷纭、褒贬不一。一位心理学家表露了自己的观点："对于'早恋影响学习'这个说法，我一直持怀疑态度。可能许多中国父母不知道，在西方国家根本没有早恋的说法。相反，在中学阶段，老师和父母都非常支持异

性之间的交往，甚至，在美国男孩子很早就接受如何追求女孩的训练了，而女孩同样也很早就学习如何吸引男孩……"

当然，恋爱是需要时间的，就好像一个人喜欢下象棋一样，如果孩子总是沉溺于下象棋，那么，他的学习成绩肯定会受到影响。不过，早恋带来的"副作用"跟早恋遭受中国父母的普遍反对也有很大的关系。

心理支招

当所有的父母都在担心自己的女儿因早恋而影响学习成绩的时候，美国社会学协会公布了一项研究结果：青少年有情侣关系，甚至发生性行为对他们的学业不一定只会产生负面影响。而一位正在上大学的中国女孩子也表示："不一定，也可以有好的影响，我有亲身经历，彼此之间可以互相鼓励，约定一起考取哪所好的学校，平时考试之后互相帮忙分析是哪里错了，帮助纠正，学习中不懂的地方可以互相探讨、研究，这可以让枯燥的学习生活更加有趣，减少厌学情绪。即使最后没能在一起，但也可以是美好的回忆。"

这样看来，似乎女儿早恋不一定只会为学习成绩带来负面影响。但是，到底女儿早恋会不会影响学习，这还得因人而异，还得看父母对她的引导程度。

1. 引导女儿将"早恋"转化为"互相帮助"

如果父母发现女儿早恋了，并且对方是一位很优秀的男孩

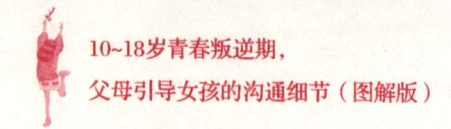

子,那么,就可以试着告诉女儿:"我先不管你们的关系如何发展,起码应该使双方都成为全面发展的好学生。如果你们有感情互相理解的话,把这种互相理解转变成为互相帮助、互相鞭策,使自己进入更好的学习状态。"

2. 让女儿明白什么叫责任

如果早恋让两个孩子的成绩都下降了,父母就有责任告诉女儿其中的利害关系,积极引导女儿走出早恋。告诉她:"现在你年纪还小,你的主要任务是学习,如果因为早恋而耽误了学习,最后,你可能会成为一个无所事事的人,这样的一个人能给对方幸福吗?现在他的学习成绩也下降了,你觉得这样对他好吗?你现在应该好好学习,等你长大了有了能力,再来承担这份责任,好吗?"

"我失恋了,我很心痛"
——帮助女孩走出失恋阴影

家长的烦恼

前些年,《失恋33天》这部电影很火,在某事业单位工作的陈妈妈说自己是来"审片"的。陈妈妈今年40多岁了,她的女儿正在上高一。前不久,她的女儿喜欢上了班里的一个男

第 5 章
看透青春叛逆期的早恋心理，为女孩建立正确的恋爱观

生，但那个男生却对她没那个意思，这使得陈妈妈的女儿感到很苦恼。女儿给那个男孩子送了礼物、表了态，但最终还是失败了。本来，女儿的性格很开朗，近段时间却总是为"失恋"而痛苦。

上周末，女儿回家一直嚷着要看电影《失恋33天》，说同学们都看了，而自己也正好失恋了。听到电影名字陈妈妈觉得怪怪的，于是，她自己来"审片"，看这部片是否适合孩子看。看完整部电影之后，陈妈妈觉得可以同意女儿的要求，她说："这部片子适合正处于青春期的懵懂男女观看。恋爱是人生的必经阶段，而失恋也是大多数人都将遭遇的事情，有准备总比没准备好。现在的孩子普遍对爱情都抱有过高的美好期望，一旦失恋会受伤很深，我不希望女儿因此而受很大的伤害。"最后，陈妈妈表示，下个周末自己将带着女儿去电影院观看这部电影，希望女儿能早日走出"失恋"的阴影。

在案例中，我们可以看出陈妈妈是一位开明的母亲，而且，带着女儿看电影走出"失恋"的阴影也是一种不错的解决办法。对于中学阶段处于青春期的女孩子来说，她们需要的不仅仅是学习知识和技能，还有情感体验方面的内容。青春期的女孩子会遭遇感情问题，比如失恋。其实，"失恋"这个字眼儿有些牵强，因为有的女孩子还没有真正恋爱过就向父母宣布自己"失恋"了。这样的"失恋"并不是成年人的失恋，而是

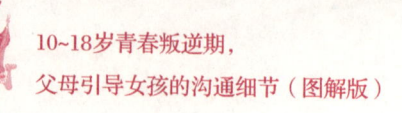

对一份懵懂感情的失落感。因此,与其把女孩子的感情遭遇看成是一次"失恋",不如引导女儿把这当作心性成长的必然过程。

心理学家建议,如果女儿能与异性交往,会让孩子的情绪与情感都能得到补偿,这样更有利于她们成年后的人际交往及婚姻生活。不过,青春期女孩子早恋的现象,不可避免地会带来一系列的感情问题。曾经有一位16岁的高中女生去医院就诊,她最初只说自己胃疼,但怎么都治不好。后来,她才告诉心理医生,自己失恋了。心理医生表示:"失恋导致孩子的情绪焦虑,从而引起了抑郁,长时间的精神紧张导致了胃疼。青春期的孩子心理不成熟,感情不顺利就会自责,觉得这都是自己的错,这样会让她们感到烦躁、心慌。孩子羞于开口,不愿意跟父母、同学诉说自己的感情问题,只能压抑在自己的心中,时间长了既伤身又伤心。"

心理支招

早恋的现象越来越多,同时,失恋的女孩子也多了起来。对于父母来说,既然无法禁止女儿去恋爱,那不妨想办法帮助她们走出失恋的阴影,以避免孩子受到更大的伤害。跟成年人一样,女孩子失恋后往往会感到很痛心,情绪低落必然会影响她的身心健康和学习。父母应该鼓励孩子像成人一样面对失恋,这也是一种人生的磨炼。

1. 引导女儿正确认识"失恋"

一位哲学家曾说,"人只有经历过一次真正的失恋的痛苦和折磨,才会进一步成熟起来"。对此,父母可以引导女儿正确地认识"失恋",面对失恋的现实、检点自己的行为,重新评估对方的人格,从中吸取经验和教训,以促进心理的发展和成熟。告诉女儿:"孩子失恋并不是一件坏事,这是一种自然的社会现象,等你有本事了、长大了,你会有更多更好的选择。爱情并不是生命的全部,为了失恋而搞垮身体、影响学业,这是很不值得的。"

2. 让女儿感受到家庭的温暖

女儿失恋了,应该让她转移注意力,让她感受到家庭的温暖。比如,带女儿出去散散心,或者出去玩一次,最简单的方法是做一顿她最爱吃的饭菜。这样的行为能让女儿知道,即使失恋了,家人永远是关心自己的,这样她心理上就不会觉得孤单和苦闷。

3. 引导女儿转移注意力

在女儿失恋后,父母要引导她将时间和精力转移到学习上来。告诉女儿:"作为青少年,你们正处在学习知识的黄金阶段,要尽可能地把更多的时间放在学习上。恋爱会浪费你的时间,还会伤害彼此;会十分影响你的心态,影响到你平时的学习。"

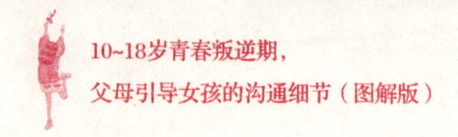

"他向我表白了，我该怎么办"
——指导女孩正确应对异性的追求

家长的烦恼

李妈妈讲述了这样一件事——

那天，我帮女儿打扫房间时无意中碰到了桌子，有一本书掉了下来。我赶紧捡了起来，却发现地上有一张粉红色的信笺，难道这张信笺是夹在这本书里的？我想了想，打开了信笺，原来这是一封情书，"某某，犹豫了好久，还是决定给你写这封信……你不要猜测我是谁，我只是一个默默喜欢你的男孩子，我很普通，普通到你可以忽略我……希望你每天都那么快乐"。一看到那潦草的字迹，我就猜出这是一个男孩子写给女儿的情书。我心里又是高兴又是担心，高兴的是女儿在班里原来那么受欢迎，担心的是女儿会怎么处理呢。前不久，我才跟女儿谈过一次话，给她打好了早恋预防针，女儿也拍着胸脯向我保证"妈妈，我不会早恋的，如果我遇到了感情问题，一定会跟您说"。

晚上，女儿像往常一样回到家，但我发现她有些心神不定，时而望着我，好像有话要说。果然，晚饭之后女儿来厨房帮我收拾碗筷，低声跟我说："妈妈，我收到了一封情书，该怎么办呢？"我没直接说拒绝他，而是问女儿："那你喜欢那个男孩子吗？"女儿摇摇头，我心里有底了，对女儿说，"那么，你应该委婉地拒绝他，告诉他，现在你们年纪还小，最主要的任务是学习……"

在成长的岁月里，几乎任何一个处于青春期的女孩子，都有可能碰到异性的追求，这是一种正常的现象。对女孩而言，随着青春期的情窦初开，对异性产生渴望，并在暗中祈祷爱神的降临，这很正常。但是，让孩子感到麻烦的是，不少女孩在与异性的交往中，常常会遭遇到"落花有意，流水无情"的情况，自己中意的人未必会喜欢自己，而那些自己不喜欢的人却偏偏对自己有好感。孩子在面对这种情况的时候，常常会感到束手无措，不知道如何拒绝对方，也不知道如何保护自己。

心理支招

青春期的女孩有这样一个心理特点：害怕失去朋友。人天生就害怕孤独，孩子也是一样的。在她们看来，自己交到一个知心的朋友很不容易，她怕拒绝了对方连朋友都没得做，所以，在对待异性求爱时往往会犹犹豫豫，当断不断；还有的孩子不懂得拒绝的技巧，他们不会开口拒绝他人。当然，这与孩子有没有胆量没有关系。那是因为孩子们不习惯说"不"，觉得说"不"很别扭，但又不会委婉地拒绝他人，最后，只好自

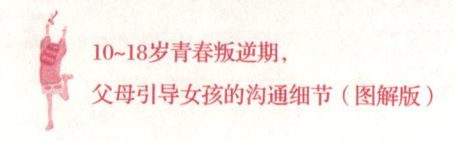

己忍着不说。

如果女儿意外地收到异性求爱的纸条儿、信件，父母应指导女儿正确对待、冷静处理，建议女儿向对方明确表达自己的态度。

1. 引导女儿正确对待求爱信件

如果女儿收到了异性的求爱信件，父母可以建议女儿表明自己的态度，比如"我们现在年龄还小，还处于求知阶段，我不应接受这份感情"。只要对对方晓之以理，对方都会尊重这样的选择。父母需要提醒女儿"在给对方答复的时候，一定要态度明确、坚决，不能含糊其词，让对方产生误解"。

2. 引导女儿尊重对方的感情

另外，父母需要告诉女儿，要尊重对方的感情，比如"不喜欢一个人没有错，一定要尊重对方，不要轻易将对方的信件、纸条公布于众，更不要当众嘲笑对方，这样会伤害对方的自尊心，还会使事情变得复杂起来"。

3. 引导女儿正确地应对无理的纠缠者

如果女儿碰到那种无理纠缠或以死相威胁的异性，父母需要告诉女儿见机行事。比如，可以暂时先假装答应对方，先稳住对方的情绪，然后把这件事情告诉老师，让老师做对方的思想工作。在使用这种拒绝方法的时候，父母需要女儿记住一点，"暂时答应对方要求的时候，只能做口头承诺，绝不能答应对方不合理、更进一步的要求"。

"我对英俊的男老师有莫名的好感"
——引导女孩正确看待对老师的崇拜

家长的烦恼

王妈妈最近发现女儿特别不对劲儿，吃了饭就跑进自己的房间，有时还会把门反锁上。经常是夜深了，女儿房间里的灯还亮着。当王妈妈问女儿时，女儿会理直气壮地说："我在看书啊，做功课啊，你怀疑什么？以前我不主动学习，你也着急，现在我自己知道学习了，你也着急，妈妈你到底怎么了？"看书？做功课？王妈妈有些怀疑。

有一次，王妈妈无意中发现女儿的门没锁，打算进去一探究竟。结果发现了女儿的一个日记本，日记本上写着这样一些话："这学期我们换英语老师了，他是刚刚大学毕业的帅小子，看起来非常阳光，就好像林志颖一样，我非常喜欢……""今天英语老师亲自给我讲解习题，他离我是那么近，近到我可以闻到他身上的古龙香水味……""今天晚上我又梦见英语老师了，梦见我们一起逛街，一起看电影，我觉得好幸福……"

看到这些内容，王妈妈呆住了，看来孩子喜欢上了男老师，这可怎么办呢？

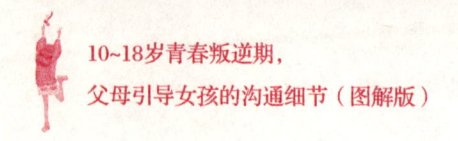

针对这种女孩子喜欢男老师的特殊情况，心理学家认为，"造成女孩子迷恋男老师最主要的原因，还是父母和女儿之间缺乏必要的信任和交流"。有可能是王妈妈和女儿长期缺乏交流，而导致了父母和孩子之间缺乏信任。也正是这种长期不沟通，导致王妈妈对于女儿的情感萌发表现得相当茫然。

心理支招

为什么女孩子会喜欢男老师呢？实际上在青春期，许多女孩子经常会把某位老师的形象当成自己梦中的理想对象，甚至把男老师对自己的关心当成是爱慕的理由。女孩子正处于青春期，正好是情感空间开放的时期，对异性格外关注。青春期是特殊的时期，每个女孩子都会经历这个时期，每个女孩子都有自己爱慕的对象，这是许多女孩子情窦初开的原因。

在学校圈子比较窄，学习、吃饭、运动成为大部分女孩子的生活轨迹。在这样单调的生活圈子里，女生每天所见到的异性就是男老师和男同学。而男老师成熟、沉稳，尤其是一些风度翩翩的年轻男老师，更是会赢得女孩子的青睐。女孩子潜意识中渴望得到父母的关爱，她们把对父母的期望转移到了关爱自己的老师身上，并且对老师产生了很强的依赖感。

1. 了解女儿青春期的生理特点

女儿正处于青春期，在这个时期生理发育较快，心理发育跟不上生理发育的速度，生理上的成熟让她觉得自己长大了，

对异性开始产生好感，愿意与异性接触，想引起异性的注意，这些都是正常生心理现象，父母应加以引导。

2. 引导女儿正确对待男老师的情感

父母担心女儿早恋，而暗恋男老师会影响学习。告诉女儿，对男老师的情感是一种崇拜的感情，而非异性之间的感情。假如女儿对男老师确实有异性间的爱慕之情，父母也不必过分焦虑，可以联合老师，对孩子进行青春期的正确引导，消除女儿暗恋男老师的心理问题。

3. 引导女儿与老师正常交往

女儿对母亲说喜欢老师，有一看到老师就脸红的感觉。针对这种情况，婚姻情感心理咨询师建议其母亲了解青春期女孩子的特点和相关知识，与女儿沟通，对女儿青春期进行指导，让她客观面对。还可以通过女儿、老师、异性朋友都参加的集体活动，培养她与异性正常交往的能力，将师生关系正常化。

第6章

解开青春叛逆期对性的困惑，引导女孩树立自我保护意识

青春期是孩子们的花季，更是孩子们的雨季。家庭性教育越早越好，特别是对女孩子的自我保护意识，应该尽早灌输。及早让女孩子懂得自我保护，她们就不会再随便地让别人触及自己的身体，这将会避免许多不幸的事情发生。

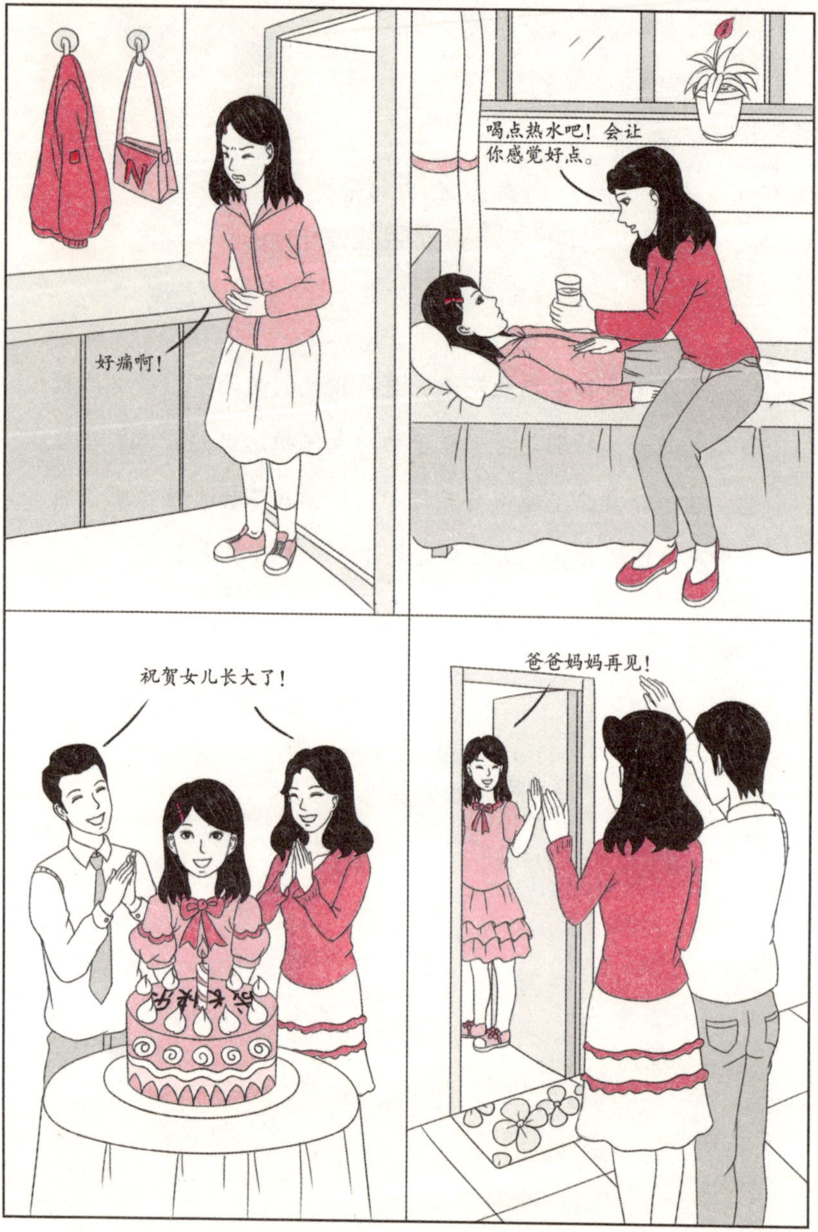
好痛啊！
喝点热水吧！会让
你感觉好点。
祝贺女儿长大了！
爸爸妈妈再见！

第6章
解开青春叛逆期对性的困惑，引导女孩树立自我保护意识

别让女孩从不良渠道了解性
——青春期性教育的方法

> **家长的烦恼**

一位母亲焦急地向心理咨询师诉苦，原来自己正在上初二的女儿早恋了。当她严肃地批评女儿的时候，女儿却反问她："我为什么不能交男朋友？"心理咨询师问她："你对女儿进行过性教育吗？"母亲摇摇头："这些东西怎么好对孩子说呢！"

显而易见，对女儿性教育的忽视与传统的偏见导致了女儿的早恋和母女俩的对立。

北京的一所大学对4个年级的学生进行了一次随机抽样调查，结果显示：从影视作品、互联网、书报、杂志上获取性知识的占81%，而从父母那里获取的只占0.3%，约30%的母亲在女儿来月经之前没有告诉孩子月经是怎么回事儿和如何处理。很多父母没有性教育的经验，甚至自己就是性知识的"文盲"，当孩子问及性知识方面的问题时，她扭扭捏捏，总是说些模棱两可、似是而非的话，即便有性知识的家长，也不敢和孩子开展关于性知识的对话。

据新闻报道，英国多塞特郡普尔市一名13岁男孩和一名14岁女孩偷吃禁果后，导致这名女孩怀上身孕，生下了腹中的胎儿。这个男孩13岁就当上了爸爸，一举成为英国最年轻的父亲之一。诸如此类的事例不仅仅只存在于英国，关于少年爸爸、少女妈妈的新闻在世界各地层出不穷，震惊了世界。

中国父母在对孩子的性教育上有几个明显的误区：

（1）由于许多父母自己在成长过程中没有接受过性教育，因此他们按照自己的成长经验，认为孩子不需要性教育。

（2）父母对性的问题持回避以及排斥态度，他们担心说多了会诱导孩子，说少了又怕说不清楚。

（3）认为性教育是青春期教育。

（4）有的父母平时穿衣服不太注意，经常在家里穿着暴露的衣服，结果孩子耳濡目染，没有性别意识。

心理学家认为，性教育绝不是可有可无的，它的影响将伴随着孩子的一生，正如弗洛伊德所说，"你今天的状况和幼年有关"。父母应该意识到儿童性教育的重要性，必须摒弃过去谈"性"色变的态度，必须改排斥为循循善诱，即便这个严重的问题令人尴尬，也不容回避。

心理支招

在孩子青春期，尽管学校会开设一些专门的课程，但是父母也不能对孩子的性教育就此停止，反而需要更加放在心上、协助孩子度过青春期。女孩在10岁左右，男孩大约在12岁进入青春期。

这一阶段父母可以引导孩子通过别的方式，比如运动释放能量，减少其自慰的次数，不要给青春期孩子穿太紧的衣服，比如牛仔裤，而是穿宽松的裤子。父母可以多给孩子拥抱、拍肩膀等动作，给孩子一些亲密的触碰，有助于减轻孩子因青春期身心变化而带来的焦虑。

1. 教会女儿正确的名称

对于性教育，父母要教会女儿正确的名称，这是生理方面的科学知识。假如父母不好意思直接对女儿说，最好是能提供青春期生理发育的有关书籍给她看，或是和女儿一起上网查阅相关的资料。尽可能地教会女儿身体各个部位的正确名称，如阴蒂、阴唇等，这将有利于父母与女儿更精确和方便地交流性方面的问题。而身体上各部位的正确名称，有助于向女儿解说什么是性侵犯，女儿也可以清楚地向父母诉说，是否遭遇过性侵犯之类的事情。

2. 不要消极地等待女儿发问

父母觉得女儿不问这些问题就可以避而不谈，实际上不要消极等待女儿发问时才开始谈论。父母可以利用身边或社会上发生的事情，或是与性教育、性犯罪相关的新闻报道，以及电视情节等与女儿一起讨论，这样会比较自然。没有必要特意严肃地与女儿谈性教育，这样双方都会感到尴尬。甚至父母也可

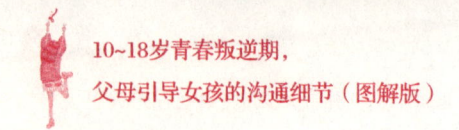

以说说自己青春期经历的事情，向女儿阐述自己对一些问题的看法，也可以倾听女儿的一些看法，以避免一些问题的发生。

3. 向女儿坦然承认自己的无知

有时面对女儿提出的问题，确实不知道该如何回答，或根本就不知道，这也没有关系，向女儿坦然承认自己不知道。最好的办法就是与女儿一起查资料，或是向内行人士请教，寻找答案。这样可以让父母在女儿面前树立诚实、好学、可以为孩子解决问题的好榜样。

4. 父母在女儿面前要做好标榜

父母应注意女儿从自己身上得到的非语言信息，比如夫妻之间的互相尊重、忠诚、共同承担家务、尊老爱幼、助人为乐、文明礼貌、诚实守信，等等，这些都会通过父母的行为传递给女儿。

5. 尊重女儿的隐私

隐私的概念应该开始从对女儿进行性教育时起就灌输给她，告诉女儿，生殖器是人的隐私部位，在没有得到自己允许的情况下，其他人无权看或摸这个部位，告诉女儿不要摸其他人的生殖器。这意味着尽可能早的尊重女儿的隐私愿望，当她们长大时就能完全尊重她们的隐私了。即当女儿上学时不要搜查她们的房间，不要偷看她们的日记和信件，不要背地里监视她们。允许女儿有她们自己的想法和做法，也可以有自己的小秘密。

6. 引导女儿正确做决定

发展女儿做决定和自我判断的能力是性教育的一个十分

重要内容。女儿做出的有关性的决定，多数情况下是自己私下里做出来的，即父母并不在场。随着女儿年龄的增长，遇到的情况和做出的决定也会变得更加复杂，比如与什么样的异性交往、怎样交往，如何尊重和保护同性朋友等，都是平时父母潜移默化影响的结果。在青春期前或青春期多数女孩将面临着与性有关的情境，不得不做出她们的决定，她可能需要知道：什么是一个完全的约会或郊游，什么情境潜伏着性侵犯的危险。对一些情境如何做出较好的抉择，将部分取决于她成长过程中发展起来的技能和信心。

性的问题如何对女儿说出口
——对女孩进行性教育的方法

家长的烦恼

这是一篇女生的日记：我与班上的一名男生是"好哥们"，我们平常一块儿坐公交车上下学，一块儿探讨不懂的难题，一起聊天，一起玩。班上的一些同学开始谣传，说什么我是他的"女朋友"。有的人每天都对我说："你男朋友呢？"弄得我很生气、很烦，有好几次都想打那些人。我还是很理智的，只是告诫他们不要再说了，可他们不听。

谁能帮助我，告诉我该怎样处理这件事？我不知道为什么总爱和男孩子在一起玩，没有别的意思，只是像普通朋友，谁能理解我吗？为什么我的家长那么反对，我经常和他们谈，也尽量减少与男生的来往，可无济于事。

许多父母在孩子的成长过程中都缺乏对其进行适当的性教育。如何对孩子尤其是女孩子进行性教育，是每一位父母面临的问题。心理学家认为，给孩子正确的、适当的性教育，会让孩子更加自信地成长。

现代许多家庭对处于学龄前的女孩缺乏性保护，对女孩子的性教育更是只字不提。近年来，儿童遭到性侵害的案件屡有发生，特别是对女童私处的侵害，一次次血与泪的教训告诉父母们，从小应教育女孩子自我防范性侵害，学会保护自己的身体。

青春期是一个幼女长成成年妇女的过渡期，是女人一生中的第一个关键时期。在这个时期，她们的身心发生了巨大的变化，这些变化很多是由性生理的成熟引起的，及时地、科学地对她们进行性教育，对于帮助她们顺利地度过青春期，健康地走进成年期，是十分重要的。

心理支招

在少女性心理发展的每个阶段，都会呈现出非常复杂与矛盾的心境：既关注异性的举止、神态，希望得到异性的青睐，又要把这种愿望埋在心底，表现出拘谨与淡漠、矜持与羞怯。她们的自慰往往是在罪恶与快感的交织中进行的。传统观念认为手淫是不正经的事情，这种观念使她们对自己的行为感到羞耻，但是性的躁动又使她们处在难以抑制的状态。她们需要倾诉而又找不到知音，依赖性较强的少女此时更需要父母的关怀和帮助。

1. 避免女儿导致性心理自发的不良倾向

青春期女孩性心理自发的发展，可能会出现两种不良倾向：①受性本能、性心理的驱使，出于无知和好奇，过早地进行性体验和性尝试。在青春期性萌动的初期发生性关系，会出现两种情况，一是受封建贞操观的影响，认为自己已是不贞不洁的人，从此背上沉重的、悔恨的包袱，抬不起头来，或者破罐破摔，糟贱自己；②性欲启动过早，形成性欲的猛烈递增，出现性亢奋，陷入追求性享乐的状态。不良倾向会导致一些少女视青春期出现的性心理为丑恶，产生强烈的羞耻感和罪恶感，把自己看作是下流的人，她们形成闭锁心理，孤僻、自卑、内向。她们的性心理受到严重的压抑，以至日后无法与异性进行正常的社会交往，进入婚姻生活。

对此，父母可以告诉女儿：人的性心理的成熟有赖于性生理的成熟，而性生理的成熟并不意味着性心理的成熟。性心理成熟的标志是性行为的发生是以性爱作为基础，灵与肉、性与爱的结合；性生理的成熟需要有一个过程，需要两性间不断地

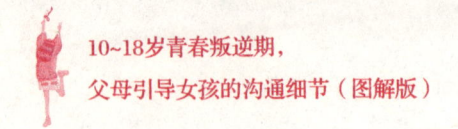

调整适应，尤其是情感的不断升华，才能达到完美的境界。

2. 对女儿进行性伦理教育

传统的性伦理观，把爱情作为性结合的基础，排除经济等派生因素对性关系的干扰。它是社会感、责任感、尊重感、道义感与幸福感的综合体，把情感、理智与性爱结合起来，提高和丰富人们的精神生活，使异性在相互的交往中获得充分的享受，获得充分的爱。这样的性伦理观使人变得崇高、积极、振奋，而不是自私、猥琐。

在少女人生观开始形成的青春期，父母需要给她们灌输这样的性伦理观念，有助于她们分清是与非、美与丑、善与恶，建立起道德感和羞耻感。性伦理观念会使她们有与异性交往的行为准则，自尊自爱、端庄大方。而对于来自体内的青春的骚动，她们能够用理智管理自己；对于来自社会的性刺激、性骚扰，她们能够洁身自好，不随波逐流，表现出较强的自制力。

3. 让女儿尽早了解一些性交和避孕方面的知识

父母可以让女儿尽早了解一些性交和避孕方面的知识，不过并不等于允许她们过早地这样做。父母既需要让女儿知道"性交、避孕"是怎么回事，更要让女儿懂得过早这样做有害无益。假如父母只是简单地向女儿强调"你还小，不能那样"，反而会引起她的反感。

4. 善于回答女儿提出的性问题

父母对青春期女孩应增加性问题方面的透明度，切忌对女

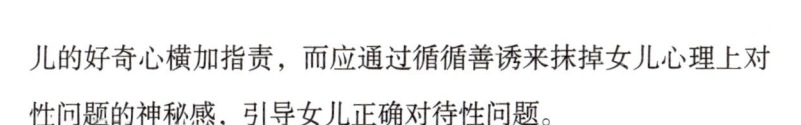

儿的好奇心横加指责,而应通过循循善诱来抹掉女儿心理上对性问题的神秘感,引导女儿正确对待性问题。

5. 帮助女儿培养兴趣爱好

父母可以帮助女儿培养多种兴趣,发展广泛的爱好。比如音乐、体育、舞蹈、艺术等多方面的兴趣爱好,这可以分散女儿对异性的注意力。此外,也可以鼓励女儿从事一些力所能及的劳动,以帮助其分散注意力。

6. 父亲要多关心女儿

女儿进入青春期以后,父亲的行为特别要注意。父亲的关心爱护可以给女儿安慰,否则女儿有可能倾心于其他异性,并从其他异性那里寻求安慰。

7. 对女儿约法三章

父母不可能把女儿长时间地关在家里,过多的限制往往会引起女儿的反抗。有的父母试图通过禁止女儿与异性交往防止性问题的出现,其实这是不恰当的。聪明的父母可以对女儿约法三章:家里没有父母时,不能把异性朋友带回家;女儿的舞会应有大人陪伴参加;在舞会场所不喝酒等有刺激性的饮料,以防不测。

8. 教育女儿努力创造美好的未来

父母应该让女儿懂得,青春期要集中精力增长知识与才干,为美好的未来打下基础。同时,让女儿明白,一个人只有在心智发育成熟后再去考虑性问题,性生活才会美满。

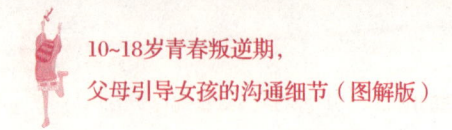

性行为对少女的危害
——如何对女孩进行避孕知识的教育

家长的烦恼

9月26日是世界避孕日,北京某医院计划生育科主任陈女士透露,她遇到的做人工流产手术年龄最小的女孩只有12岁;曾经有一天做了5台手术,上手术台的女孩都不到20岁,简直就是少女专场。曾经有一个14岁的中学生,怀孕后自己偷偷进行药流,结果流产没成功,等到怀孕四五个月的时候,她的妈妈才发现。到了医院只能做引产手术,对她的身体伤害很大。

少年型的性行为对少女造成的直接后果是导致怀孕,未婚少女人工流产已成为一个社会问题。有家杂志报道了一件令人痛心的消息:一名少女一年内人工流产四次,第四次因子宫刮得太薄,大出血,死在了手术台上。目前青少年非婚的性行为日益增多,尽管社会采取了一些教育措施,但收效甚微,既然对非婚的性行为难以控制,与其让生殖机能刚刚发育的少女,一次又一次地被迫人流、伤害身体,还不如教会其避孕的方法,使她们懂得怎样保护自己。

随着人们思想观念的改变,现在发生婚前性行为的现象越来越普遍,且发生初次性行为的年龄也越来越小。由于对避孕知识的缺乏，不少少女都不懂得该如何保护自己，在性生活的时候没有采用避孕措施，使自己意外怀孕，给女孩的身心带来双重的伤害。为了避免这些情况的发生，父母有必要教会女孩一些正确的避孕常识。

心理支招

曾经有专家提出"家长要在孩子的书包里放避孕套"的观念，暂且不论这种观点是对是错，从中可见父母对孩子性行为后果之担忧。避孕方式选择不恰当，最大的麻烦就是避孕失败，失败只好选择流产，这对年轻女孩的健康影响非常大，不仅会导致不孕，还会对其子宫造成影响等。

1. 避免产生性行为

避孕知识的教育是为了弥补性行为产生的严重后果。但是作为父母还是需要再三向孩子强调，青春期是不可以发生性行为的，并告知女儿一些早期性行为的危害，应尽量杜绝此类事情的发生。若女儿真的发生了性行为，那则告知她一些必要的避孕知识。

2. 告诉女儿避孕套是最佳选择

曾有机构对20岁左右的大学生做了一次随机调查，问及"你知道有哪几种避孕方法时"，回答得最多的答案是避孕套，另一种就是紧急避孕药。16岁以下青少年处于特殊的人生阶段，身体各方面发育不完全，不宜用内服避孕药，避孕套是最

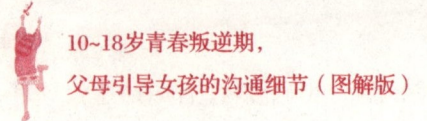

佳选择。

3.告诉女儿一些避孕套的知识

也许，青春期女孩对避孕套还很羞涩，除了在老师及书本中了解到有限的知识以外，似乎对它相当陌生。作为青春期女孩，即将成为一个成年女性，无可避免地会接触到与性有关的活动，甚至可能会发生性行为，那么对于这样一个危险的行为，避孕套能够对双方起到一个保护的作用。因此，父母应该教女孩避孕套的知识，以免女儿使用不当而给自己的身心带来伤害。

别让月经问题困扰孩子
——陪伴女孩度过第一次初潮

家长的烦恼

今天上午我因为上夜班正在家休息，突然被一阵门铃声惊醒了，开门后看见女儿被一个女同学搀扶着送回家来了。只见女儿紧皱眉头，还小声地呻吟着，腰都直不起来了。听女同学讲原来是女儿来月经肚子疼得厉害，老师让她把女儿送回家。看得出女儿很痛苦，我也很心疼，请问我该怎样帮助女儿度过月经的烦恼呢？

第 6 章
解开青春叛逆期对性的困惑，引导女孩树立自我保护意识

青春期的女孩子有了月经初潮这样的生理变化，那位被称为"大姨妈"的每个月都会光顾，而肚子痛则是月经引起的痛经，这是一种正常的生理变化。月经，又称作月经周期，是生理上的循环周期。育龄妇女和灵长类雌性动物，每隔一个月左右，子宫内膜发生一次自主增厚，血管增生、腺体生长分泌以及子宫内膜崩溃、脱落并伴随出血的周期性变化。这种周期性的阴道排血或子宫出血现象，称为月经。

现代女性月经初潮平均在12.5岁，绝经年龄通常在45～55岁之间。

女性进入青春期后，在下丘脑促性腺激素释放激素的控制下，垂体前叶分泌刺激素和少量黄体生成素促使卵巢内卵泡发育成熟，并开始分泌雌激素。在雌激素的作用下，子宫内膜发生增生性变化。卵泡渐趋成熟，雌激素的分泌也逐渐增加，当达到一定的浓度时，又通过对下丘脑垂体的正反馈作用，促进垂体前叶增加促性腺激素的分泌，且以增加黄体生成素分泌更为明显，形成黄体生成素释放高峰，并引起成熟的卵泡排卵。

由于黄体分泌大量雌激素和孕激素，血中这两种激素浓度增加，通过负反馈作用抑制下丘脑和垂体，使垂体分泌的卵泡刺激和黄体生成素减少，黄体随之萎缩，因而孕激素和雌激素也迅速减少，子宫内膜骤然失去这两种性激素的支持，便会崩溃出血，内膜脱落而月经来潮。

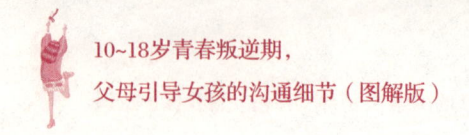

月经又称为月事、月水、月信、例假、见红等，因多数人是每月出现1次而称为月经，它是指有规律的、周期性的子宫出血。另外，还有一些对月经的俗称，如坏事儿了、大姨妈、姑妈、好事、倒霉了，等等。

心理支招

曾经有位女孩子在上体育课时裤子渗出了血迹。由于大家对这方面的知识实在欠缺，班里的女孩子几乎没有过这种经验，可怜那女孩就这样被大伙围着，连自己都不知道发生了什么事，还以为是自己受了伤，最后急得哭了起来，后来还是老师帮忙解了围。后来那位女孩子变得很自卑，因为早熟，她在同学的眼里好像成了异类，每次来月经时总是偷偷摸摸的像做贼一般。这个案例告诉我们，一个女孩子的初潮是很重要的时刻，作为父母，尤其是作为知心朋友的母亲应该帮助女儿度过这个关键时刻。

1. 让女儿多休息

假如女儿有痛经的症状，母亲应赶快让女儿睡到床上，给她灌一个热水袋放在腹部，必要的时候可以取止痛药让女儿服下去。再用手轻揉女儿的下腹部，这样做通常可以缓解孩子的痛经现象。

2. 让女儿正确地应对月经

许多女孩子都明白，月经是正常的生理现象而不是病。不

过，却很少有女孩可以用愉快的心情去迎接它。孩子们通常会抱怨"倒霉了！烦死啦！"母亲应引导她把月经看作是值得高兴的事情，月经周期规律正常，是一个女孩的福音，是健康和成长的标志。让女儿意识到自己将慢慢变成大人，能够担负起社会的责任。多想责任，不仅可以照顾自己，还应照顾和体贴他人。让女儿懂得体谅母亲的辛苦操劳，想到为母亲或朋友分忧解难。以这种责任感的成熟心理面对每月的"好朋友"，会让女儿变得自豪而愉快，而且还可以缓解"经期紧张综合征"。

3. 引导女儿了解经期生理及心理卫生知识

为什么有的女孩在经期会出现规律性的症状，如心烦意乱、容易生气或比平时更爱哭、孤僻多疑、喜欢生气呢？这与经期人体植物神经紊乱，造成雌激素的代谢及盐、水代谢紊乱有关。对于这些知识，母亲应该帮助女儿去了解，让女儿明白自己这种周期性的情绪波动，有了心理准备，就会在克制和预防上取得满意的效果，就不会过于烦恼了。

4. 教女儿懂得加强自我保护意识，注意经期卫生

告诉女儿不食生冷食物，注意保暖，特别是秋冬季节的脚部保暖；避免过度劳累，不下水游泳，上体育课必要时应请"例假"，适当休息。假如出现腹部、腰部绞痛，洗个热水澡或做一些温和运动，必要时去医院诊治。

5. 引导女儿正确地使用卫生巾

母亲告诉女儿不购买菌群超标的低劣卫生巾，使用时应将

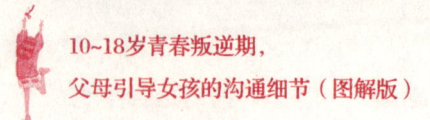

底部的胶质贴紧在内裤上，防止身体活动时使其移位。若经血量多时可再套一条内裤，防止弄脏外裤的尴尬情况发生。经期需要经常更换新的卫生巾，避免细菌对外阴部的感染，用过的卫生巾不要随意乱扔，应用卫生纸包好后再扔进垃圾桶内。

别让懵懵懂懂的性感觉害了孩子
——如何面对女孩的自慰行为

家长的烦恼

王女士是百货商店的售货员，去年离婚后与12岁的女儿一起生活。因为工作地点离家很远，几天前，王女士因身体不舒服提前回家时，意外地发现了女儿在她的床上手淫，这件事令她感到吃惊。虽然女儿较早熟，身体也发育得相当丰满，但小小年纪就如此，长大了岂不是会更糟糕？在王女士的严厉盘问下，她承认几个月前就开始这样做了。请问我应该怎样对待这件事？

自慰，过去称为手淫，这是青少年性行为的一种，女孩也不例外。首先是受到外界的影响。青春期女孩都有好奇心，一些黄色书刊、影视中常有男搂女抱、同床共枕的镜头、挑逗性

第 6 章
解开青春叛逆期对性的困惑，引导女孩树立自我保护意识

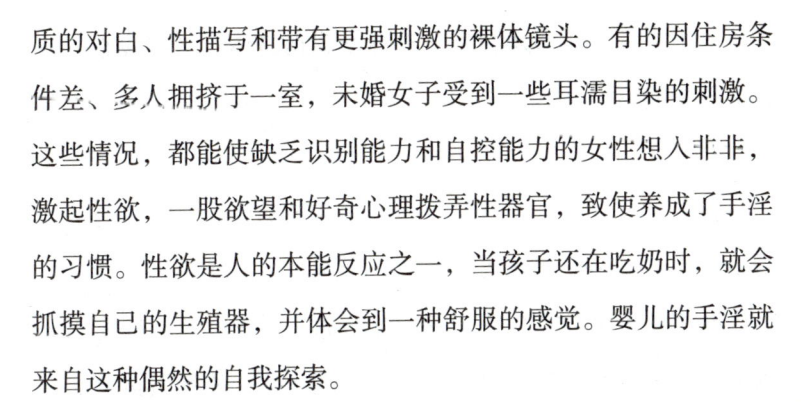

质的对白、性描写和带有更强刺激的裸体镜头。有的因住房条件差、多人拥挤于一室，未婚女子受到一些耳濡目染的刺激。这些情况，都能使缺乏识别能力和自控能力的女性想入非非，激起性欲，一股欲望和好奇心理拨弄性器官，致使养成了手淫的习惯。性欲是人的本能反应之一，当孩子还在吃奶时，就会抓摸自己的生殖器，并体会到一种舒服的感觉。婴儿的手淫就来自这种偶然的自我探索。

到了青春发育期，由于有了性冲动，青春期女孩利用手淫可以消除由于性冲动而引起的情绪紧张，使身体恢复平静的机理。尽管青春期女孩的性机能已经发育成熟，但法律、道德是不允许她们去进行性爱尝试的，因此，手淫是她们获得性满足的常用方法。女性对手淫的焦虑则来自对引起月经不调、痛经、不育等情况的恐惧，也有的是因为月经期间，由于不注意阴部的清洁卫生，或因白带、阴部炎症的刺激，使阴部发痒而引起手淫。

心理支招

由于电影、电视、报纸、杂志，特别是一些网吧和色情作品的诱导，一些青春期女孩看了以后，引起性冲动，学会了自慰。当然，第一次获得了快感，就想第二次。虽然青春期女孩到了青春期偶尔有一次自慰、发泄一下，是正常现象。但是也有不少女孩子染上了手淫的习惯，大多数人难以自拔，有的人

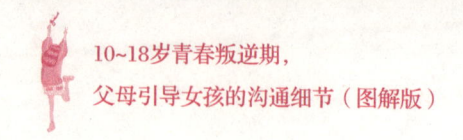

甚至天天手淫，以寻求快感，这样既损伤身体，又摧残心灵，有损身心健康。

1. 让女儿知道什么是自慰

自慰，过去称为手淫。自慰是从儿童期就存在的行为，多是由于无意识地偶尔玩弄生殖器、穿紧身裤、爬杆等活动时，因为摩擦使生殖器受到刺激并引起快感，一般并没有性高潮。当女孩到了青春期后，由于体内的生理变化，雌性激素增加，由此产生性冲动和性欲，对性问题满怀憧憬、好奇与幻想。作为一种本能，她们会在性生理和性心理的驱使下开始有意识地自慰。

2. 引导女儿正确面对自慰

作为一个青春期女孩，父母首先应该让其对自慰有正确的认识，自慰并不是一种病态，适当的自慰不但不会影响身心健康反而是有益的。这是因为正常的性欲是人类繁衍后代最基本的要求，是很正常的现象。而自慰不会传染任何性病，也不会涉及他人，或卷入感情纠葛，也不会导致性攻击甚至性犯罪的发生，所以是一种合理的释放性欲的方式。但是，过度地自慰会影响青春期女孩的身心健康。过度手淫属于一种心理障碍，并且会严重影响身体健康，导致泌尿生殖系疾病、性神经衰弱等。

3. 引导女儿应对自慰的现象

父母引导青春期女孩子平时需要注意生活规律与生活调节：避免穿着太紧的衣裤；按时睡觉，睡觉时被褥不要过暖、

过重；养成良好的卫生习惯，经常清洗；经常参加社交活动，增加对其他活动的热情和兴趣。另外，应让女儿适当地接受性心理和生理卫生的教育，掌握有关性的基本知识，排除对自慰有害的错误认识，能够正确的处理性紧张与性冲动。

引导女儿主要从以下几个方面去做：

（1）勉励自己。自慰在适当控制后，将能改善自己的身心健康。

（2）循序渐进。逐渐减少自慰次数。

（3）不看有色情内容的书籍、影片，减少对性的刺激。

（4）多做有益身心的活动，分散注意力，调节生活压力，必要时可以找心理医生进行咨询。

4. 鼓励女儿多参加运动

父母可以鼓励女儿多参加运动和培养她多方面的娱乐兴趣，比如唱歌等。需要注意的是，不能让女儿感到你是在摆脱她，而应让她感到父母是真的在关心她。做到这一点，父母需要经常与女儿一起参加活动，当女儿有求于自己的时候，只要是正当的要求，就应尽可能的满足她。

第7章

摆脱对网络的依赖，引导女孩不要沉溺于网络

现代社会，网络已经不再是一种新鲜的事物，它已经开始进入每个家庭，尤其受到了许多青春期女孩子的喜欢，她们可以在网络上聊天、玩游戏、看电影、交朋友、购物。在女孩子看来，网络就是一个全新的世界。不过，她们却不知道，它也是一个有着致命诱惑的世界。

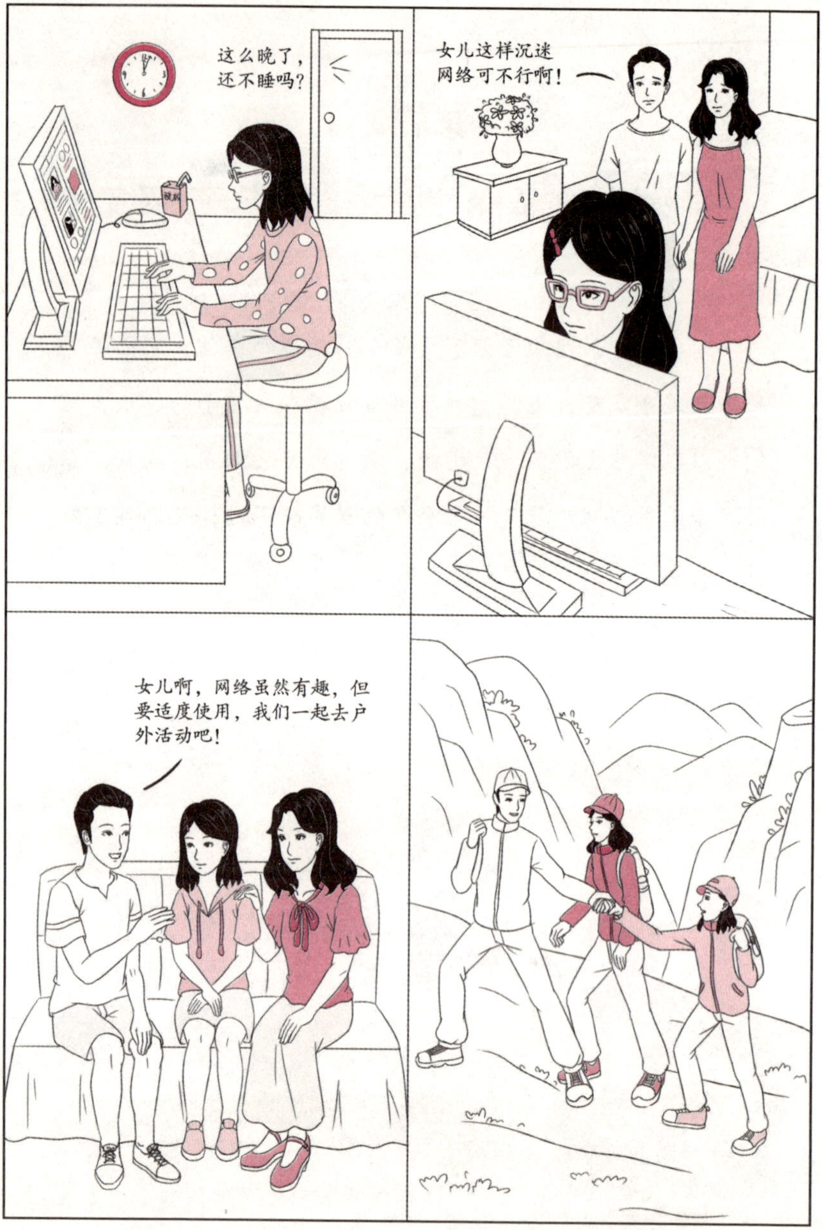
这么晚了，
还不睡吗？
女儿这样沉迷
网络可不行啊！
女儿啊，网络虽然有趣，但
要适度使用，我们一起去户
外活动吧！

"我喜欢玩电脑"——女孩为什么喜欢虚拟网络

心理支招

一位苦恼的家长讲述了女儿沉溺于网络的事情——

我女儿今年16岁,在当地一所重点中学读书。本来,她的学习成绩还不错,我们对她的学习也没操什么心。可自从她上了初三之后,就渐渐地迷恋上了网络,从此一发不可收拾。有时候,为了不让女儿去网吧玩,我们拒绝给她钱,以为这样可以让她远离网络。但是,她竟然偷偷地从我们的钱包里拿钱去网吧挥霍。后来,竟然发展到了彻夜不归,沉浸于各种网络游戏的快乐之中。她的学习成绩也从一开始的中上水平直接降到全班倒数几名。我和他爸爸平时都忙于工作,没有多少时间来管教她,等到发现这种情况时为时已晚了。为了不让女儿继续这样下去,我们放下工作,好几次深夜走遍小区周围的网吧寻找她的踪影。

如今看到女儿的状况,我很不甘心。我也曾多次向相关部门投诉网吧接纳未成年人,也惩罚过她,却还是制止不了女儿偷偷地去上网。我一直就搞不清楚,网络到底有多大的迷惑性,能把孩子害成这样?

随着互联网的普及和上网人数的增加,因过度沉溺于网络而造成的网络成瘾现象引起了社会的广泛关注。其中,以青春期女孩子的网络成瘾问题尤为引人关注。由于女孩子过度沉溺网络,导致了学习成绩下降、行为变异,并出现各种心理障碍。当然,青春期女孩网络成瘾的原因是多方面的,比如网络本身的诱惑、青春期女孩的心理特点,等等。

1. 表达情感的心理

情感表达是青春期女孩一个重要的心理需求,她们通过网络与人聊天,满足隐藏在她们内心深处的需要。在与网友的交流中,她们得到了情感交流、尊重和满足感。在网络里,她们表达情感的方式主要是聊天,无论兴趣爱好是什么,她们都不会感到孤独。

2. 心理宣泄的需要

随着学习竞争的日益激烈,老师、父母对孩子学习成绩的要求越来越高。在这样的情况下,青春期女孩心理承受着巨大的压力,许多女孩子因为学习不顺利、人际关系紧张等,内心很不安。而网络所具有的隐匿性、开放性的特点给孩子们适时转移、倾诉和宣泄自己不良情绪提供了机会和场所。上网逐渐成了孩子们释放心理压力、松弛身心的一种方式。

3. 自我价值感的需求

社会心理学家认为,为了使自己的人生具有价值,获得明确的自我价值感,人需要了解别人,需要通过别人来了解自己,需

要爱与被爱，需要归属和依赖感，需要有机会显示自己的优越和展现自己的优点。许多女孩子的自我价值感不满足，而网络这个虚拟的世界可以给她们满足自己的价值感提供机会。

4. 娱乐心理

网络被称为继报刊、广播和电视之后的第四媒体，它集文本、声音、图像、动画等形式于一体，孩子们可以在网上玩游戏、聊天、听音乐、看在线播放的电影、读具有娱乐性的网上文章。网络的特点正好与青少年具有的好奇心、喜欢刺激，对新事物接受能力较强，以及具有强烈的求知欲的心理特征相匹配。

心理支招

通过研究发现，以下一些青春期女孩容易得"网瘾"：

（1）女孩子感觉学习很困难，她们根本体会不到学习的乐趣，而上网打游戏可以获得一种虚拟的奖励，宣泄学习上遇到的挫折带来的压抑感。

（2）有的孩子人际关系比较差，她们希望通过上网逃避现实。

（3）有的孩子则是受父母的误导，许多父母只懂得限制孩子上网，而不懂得如何转移女孩子对上网的注意力。通过分析，发现那些有网瘾的孩子身上大多具有性格内向、人格缺陷、猜忌心强、小心眼、自私等性格特征。

对此，作为父母，应该认真分析女儿沉溺于网络的真正原

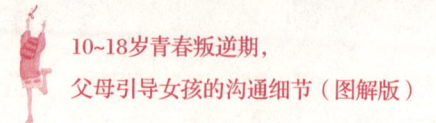

因，结合女孩子的心理特征，采取一些适当的措施。

1. 多与女儿沟通

许多父母在与女儿沟通时总是居高临下，即使父母说的是对的，女儿听来还是会很反感。父母应该从女儿的角度出发，不要以长者自居，否则只会导致女儿抵抗逆反。父母不妨向朋友一样与她聊天，鼓励女儿多参加体育活动，引导她挖掘自身的潜在价值。

2. 多关心女儿

大多数女孩子沉溺于网络的原因之一是感觉自己受冷落了。随着经济社会的日益发展，许多父母只顾挣钱，忽视了对女儿身心的照顾，使得女儿深陷于网络的泥潭。对此，父母要多给女儿一些关心，这种关心不仅仅是物质上的满足，还要有精神上的安慰。

"我每天都想跟他聊天"
——如何应对女孩沉溺于网络聊天

家长的烦恼

这是一位家长的自述——

我是一位无奈的母亲，女儿正在上初二，我感觉自己很失败，面对孩子的网恋，我真的不知道该怎么办。

第7章
摆脱对网络的依赖，引导女孩不要沉溺于网络

孩子是在小升初的假期里开始玩电脑的，无意中我看见孩子与一位网友在打情骂俏。我就问她这是怎么回事，她说是游戏里的角色，那都是游戏里认识的朋友，没什么。我当时也没往别处想，觉得孩子自己有定力，应该知道自己在做什么。可是，到了初一开学后，女儿还在与那个上海男孩保持联系，还会经常聊天。

我对女儿说："你知道表姐的事情，她现在已经大学毕业当老师了，现在又有了如意的男朋友，如今，她享受工作、享受爱情，多好。"女儿表示同意，她开始好好学习，也不再玩游戏，不再和那个上海男孩联系了。可那个男孩子来找她后两人又聊上了，女儿还向我坦白："我喜欢那个男生，我不想伤害他。"我很吃惊，但没说什么，我怕过激的行为反而会起到反作用。

昨晚，他们又聊到11点多。早上女儿特意告诉我不要动她的手机，不要随便看她的短信，我答应了。但是当妈妈的我很想知道他们到底聊了些什么，我偷偷地看了短信，其中一条是说男孩争取暑假来北京玩，这么说他们就要见面了，我该怎么办？

孩子进入青春期，父母对孩子与异性交往常常会有过敏的反应。为了防止或终止早恋，父母绞尽脑汁、随时提防，有苗头的就及时扼杀，但是实际结果却是发生在不知不觉中。网恋问题成为了父母最头疼的问题，许多父母感到很困惑。越来越多的孩子沉溺于网恋，该怎么办呢？

现代社会，由于网络的便捷性，再加上孩子的不成熟，网

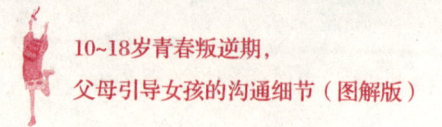

恋是很有可能发生的。那么，这些网恋的孩子到底是出于什么心理呢？在许多家庭生活中，父母没有给孩子足够的关爱，彼此之间的情感交流更是少之又少。孩子没有体会到家庭、父母那浓浓的亲情和爱意。许多孩子渴望在虚拟的网络世界里寻找一份爱、一份虚拟的爱。

青春期正处于学习的黄金时期，与此同时，过于紧张的学习也会给孩子带来很大的压力。她们稚嫩的心灵承受了那么多的重负，尤其是遭遇考试失利后，她们会感到一种莫名的绝望。但这些苦闷又无法向父母诉说，于是，在面对现实的时候，孩子选择了逃避，开始沉溺于网恋。

心理支招

想象中的爱情总是比现实中的美好，想象中的恋人是虚幻的、完美的，极具吸引力的，这就是网恋的魅力。女儿陷入网恋，长时间生活在童话般的完美世界里，会使她对现实世界的适应能力下降，不利于孩子的身心发展。对于女儿网恋，父母应该采用哪些妙招呢？

1. 监督女儿，避免其陷入网恋

有的女孩网瘾很大，不能在短时间内根除，怎么办？父母如果有多余的时间，可以陪着女儿一起上网，这样她就会不好意思当着父母的面网恋，而且，还能帮助女儿合理地安排时间。许多女孩子明白其中的道理，但就是无法自拔，这时就需

要父母稍微采取一些强制性的措施了。比如，控制电脑或是网络，减少她上网的时间，只在规定的时间内才能使用电脑。

2. 与女儿进行情感交流

父母要对女儿进行情感交流，让她感受到父母的爱。即使自己的工作再忙，也要尽量抽出时间来关心女儿。多与女儿沟通，随时关注她的情绪变化，就会找到很好的办法解决孩子的问题。另外，父母可以告诉女儿网恋带来的坏处，比如，网恋会导致学习成绩下降，指出其中的利害关系，让女儿冷静地思考自己是否应该网恋。

3. 大方地与女儿一起讨论恋爱、异性的话题

在青春期，父母可以大方、自然地与女儿讨论恋爱、异性的话题。如果父母忌讳越多、限制越多，就越易激发女儿的好奇心及探究的欲望。对于女孩子，父母要教孩子自我保护的方法，比如辨别骚扰、拒绝诱惑、求助等。

"我喜欢玩网络游戏"
——如何帮助沉溺于网络游戏中的女孩

家长的烦恼

几位家长坐在心理咨询室里，聊起了孩子沉溺于网络游戏

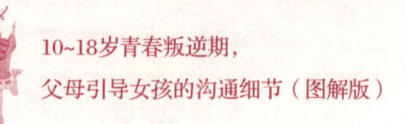

的话题。

家住东城的邓妈妈说:"我女儿高考之后彻底轻松了,曾连续上网10个小时,天天待在家里玩网络游戏,不运动、不休息,我真担心她会玩上瘾影响身体健康。"

黎先生满脸愁云:"我们家一对双胞胎,高考后放假在家迷上了打游戏。前几天她们姐妹俩为争电脑玩网络游戏大打出手,看到她们为玩游戏而伤感情,我非常生气,一怒之下扯下了键盘。以前她们利用周末玩玩放松一下我也没怎么管她们,现在放假了更是变本加厉地玩,我早就想揍她们一顿了。"

坐在一边的杨女士也有同样的烦恼,她说:"我女儿现在正在读初二,就有玩网络游戏上瘾的倾向。前段时间,沉于游戏中的她提出了不愿意上学,我当时一生气就把网线撤了,结果孩子待在家里任凭我们责骂就是不愿意去上学,我实在是没辙了。"

那么,对网络游戏孩子们是怎么看待的呢?

不少孩子表示:"终于结束了紧张的考试,可以无忧无虑地玩游戏了。"王同学介绍说:"我们班里27位男生,大部分都会打网络游戏,但他们平时是上完课、做完作业才玩一玩,有些爱玩游戏的同学学习成绩也特别好,平时也不怎么见他们上瘾。如果假期没人监管,那就很难说了。"一位高三的女学生说:"经历过高考,待放松下来之后,我突然不知道该干些什么了。于是在网上打起了奇幻游戏，现在每天上网超过10小时，过着昏天黑地的日子。"

另外，不少孩子称，他们玩诸如"永恒之塔""热血英豪""冒险者""魔力宝贝"等游戏。有的游戏带有暴力、血腥、色情等因素。有的孩子还会在游戏中买武器，花几千元钱买装备、道具，这些孩子说："因为你想上一层，级数高一点儿，装备好才能打赢别人。"对此，教育专家表示，经常接触暴力游戏的孩子多少会存在一定的暴力倾向。

心理支招

处于升学阶段的孩子学业和心理负担都比较重，网络很容易成为他们躲避负担和压力的"防空洞"，并沉溺于其中不能自拔。同时，青春期女孩子不具备较高的识别和判断能力，无法自觉抵御不良信息，这会影响到她们的身心健康。一些青春期女孩长期沉溺于网络游戏，导致一些精神和躯体的病症，影响了她们的健康成长。

1. 父母要理解女儿的心理需要

青春期女孩喜欢沉溺于网络游戏的原因，大多数是为了寻求某种心理需要。青春期女孩子有许多的心理需求，但是，这些需求需要付出艰苦的努力，否则很难轻易地得到满足。然而，在网络这个虚拟的世界里，却能轻易地得到满足。在网络游戏中能体验到成功的乐趣，而且，这种成功的概率将会大大

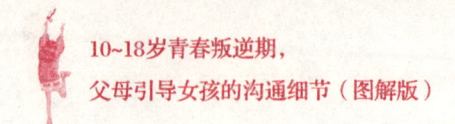

增加。每打过一关，那种欣喜若狂的感受比在现实世界中要快乐得多。这种感觉会强化她们参与网络游戏的行为，使她们沉溺其中不能自拔。

2. 父母对沉溺于网络的女儿要有耐心

许多父母在向心理医生求助的时候，都会说"女儿上网已经几年了"，试想，几年时间养成的习惯，会在几个月或者几天就改掉吗？作为父母，要想挽救那些对网络游戏着迷的孩子，除了采用具体的方法之外就是要有耐心。

3. 要给予女儿更多的爱

在家里，父母要给女儿提供一个温暖、宽松、民主的环境，让她能感受到亲情的温暖。对待女儿，要多鼓励、少责备。这样一来，女儿不会因为父母的批评而难受，不用为实现不了父母的愿望而担心。当女儿感受到家庭的温暖时，她就会渐渐地远离网络游戏。

"我只有上网才会激情澎湃"
——如何引导女孩将精力转向别处

家长的烦恼

李妈妈向心理医生讲述了女儿的病症："我女儿是初三的

第 7 章 摆脱对网络的依赖，引导女孩不要沉溺于网络

学生，她今年15岁，迷恋上网看玄幻小说已经两年了。她从小个性就比较腼腆，说话细声细气的，不喜欢参加班里的集体活动。她最喜欢的就是看科幻小说，是一个典型的《哈利波特》迷，只要有新版书籍发行，她肯定会在第一时间买上一本，而且还要观看相关的影片。最近，她又迷上了玄幻小说和魔幻小说，说起《小兵新传》《幻城》《魔戒》等这些小说，她就神采飞扬、滔滔不绝，她平时自称新新人类。如果我说看那些小说没什么好处，她还会讥笑我不知道玄幻小说、奇幻小说等这些流行词，而跟她一提到学习，她就会紧皱眉头，一脸的无奈。"

心理医生询问道："我想，你女儿的作文应该写得不错吧。"李妈妈点点头，回答说："是的，她偏文科，就语文成绩好一些。"心理医生继续说："其实，你女儿也是有特长的，既然她的作文写得好，那么你们就要从她的特长入手，转移她的注意力，这样她的网瘾就会减轻了。"

青春期女孩一旦沉溺于网络便难以自拔，给个人身心带来危害。而且，长期沉溺于网络，往往会造成孩子角色混乱、道德感弱化、人格异化、学习受挫，严重者会出现心理异常与精神障碍，并引发一些社会问题。

网瘾，表现为青春期女孩对网络有一种莫名的激情，而这种激情简直到了痴迷的状态。许多网瘾少女表示"我已经离

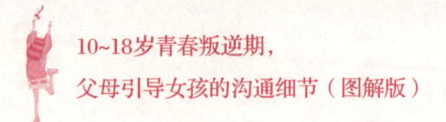

不开网络了，虽然我知道经常上网会影响我的学习，但是看见电脑我就会手痒，忍不住想去玩游戏、聊天""那种对网络的迷恋就好像吸毒上瘾了，戒不掉"。其实不少网瘾少女也有戒掉网瘾的想法，但是每到关键时刻，她们却控制不住内心的欲望。

为什么会造成这样的情况呢？

处于青春期的孩子的生理、心理尚未发育成熟。虽然，面对一些事情，他们已经能够冷静地思考，但是，他们的自控力还是远不如成年人。比如，有网瘾的成年人会自觉地想到自己还有工作要做，他们会果断地关掉电脑。但青春期女孩就没有那么强的自控力，在网瘾的折磨下，她们只会缴械投降。

除此之外，许多痴迷于网络的孩子的眼里只有网络，她们觉得没有什么东西比网络更有吸引力了。因为只有在网络里，她们才能得到一种心理满足感，体会到成就感。其实，这样的孩子可能学习成绩比较差、人际关系也不怎么样、父母也不关心她，这些种种挫败感导致了她们甘愿走向虚拟的世界。

心理支招

心理专家认为，当青春期女孩沉迷于某一件事情而无法自拔的时候，如果这时出现了另一件更有趣的事情，那么会稍微地分散其注意力。当她开始喜欢上那件有趣的事情，发现其实原来那个更有意思，那她会脱离之前的那件让她沉迷的事情。其实，对于孩子网瘾这个问题，父母也可以采取一些措施，以达到转移女儿注意力的目的。

1. 激发女儿的潜能

许多女孩子在学习上比较有挫败感，这让她觉得自己很没用，进而会将注意力集中到网络世界中。对这样的女孩子，父母要善于去发现女儿的特长，激发她的潜能。比如，如果你发现女儿的文章写得不错，就可以鼓励她去参加文学活动。一旦她在文学活动中获得了成功，就会大大增强自己的自信心。

2. 培养女儿的兴趣爱好

发现女儿沉溺于网络之后，你不妨巧妙地引导女儿将激情转向自己的兴趣爱好。比如，女儿以前就喜欢画画，你不妨告诉她："你不是最喜欢画画吗？我听说一位著名画家在图书馆开了一个画展，明天妈妈陪你一起去看，好不好？"有意识地培养女儿的兴趣爱好，转移其注意力。

3. 鼓励女儿多参加健康的娱乐活动

女儿天天面对着电脑，她的精神和心理都处于一个颓废的状态。这时，父母不妨邀请女儿一起去郊外走走、散散心，让她呼吸新鲜空气，领悟到生活的美好。为了转移女儿对网络的注意力，父母要鼓励女儿多参加健康的娱乐活动，比如陪她打球、做游戏，等等。

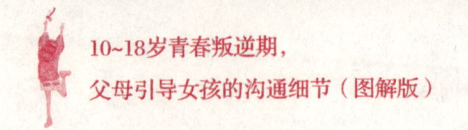

"我很孤独"——引导女孩走出一个人的网络世界

家长的烦恼

小月刚刚上高一,却已经有两年的网瘾了。父母常年在外地做生意,她从小就由爷爷奶奶照顾。她小时候性格比较内向,因自己觉得长相平平,经常会感到自卑、低人一等。现在刚上高一,她对高中生活和新的教学方式不太适应,经常觉得自己与同学缺乏共同语言,没有什么朋友。

就这样,她感到很孤独,经常到网上与网友聊天,在聊天中,她体验到了其中的乐趣,从此一发不可收拾。以前上初中时,小月的学习成绩在班级还处于中等偏上,可自从迷上了网络,她就经常在放学后直奔网吧。由于没有父母的管束,她的行为越来越肆无忌惮,最后经常会夜宿网吧。在沉溺于网络的同时,她的学习成绩也是一落千丈,而且与同班同学的交流越来越少,对班主任和任课老师也是避而远之。

在外地做生意的父母了解到小月的状况后,担忧不已,却又不知道该怎么办?

在上面这个案例中,孩子的问题主要还是出在家庭教育上。一方面,由于缺乏父母的管束,加之爷爷、奶奶年纪也大了,对小月管教不严。同时她平时与父母的交流沟通也很少,无法得到适当的关怀和引导,因此,她的内心很容易产生孤独

感。另一方面，孩子进入高中后，由于学业的紧张，她很容易失去学习的积极性，因此转向虚拟世界寻求安慰。

在这个案例中，我们不难看出，"网络少女"常常是独自一个人面对着电脑，由于沉溺于网络，她们渐渐地远离了正常人的生活，缺少了对生活的乐趣。如果父母不及时加以引导，孩子会在网络世界里越陷越深。许多网络少女坦言"其实每一次从网吧出来，自己都会感到内心很空虚、很孤独，长时间地沉溺网络，自己已经没什么朋友了，总是独来独往。内心的空虚让自己一次次地陷入网络，只有在网络世界里，自己才能体会到片刻的满足。可一旦从网络中抽身出来，自己内心的那种空虚感会变得更加强烈"。

心理学家认为，当一个人依恋的需求得不到满足、与家庭的亲密关系得不到满足，比如，失去了父母，或者生活在单亲家庭，缺少父母的关爱等，或者与周围的同学、老师人际交往困难，难以适应周围环境的变化，等等，都很容易产生独孤感、无助感。在这样的心理驱使下，许多孩子借助网络交友或玩游戏，通过虚拟的人际沟通和情感上的交流，获得一种安慰、理解和支持，以弥补现实生活中人际和亲情的缺失。但是，对网络的痴迷反过来使得孩子在现实生活中感到更孤独，他们远离了人群，缺少了原有的生活乐趣。

心理支招

长时间上网会使女儿迷失在虚拟世界里，自我封闭，与

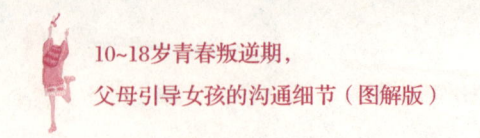

现实世界产生了隔阂，不愿意与人面对面地交往，渐渐地，失去了社会交往能力。而一旦离开网络，会导致她们出现精神障碍或异常等心理问题和疾病。在日常生活中举止失常、精神恍惚、胡言乱语、性格怪异，甚至产生心理障碍。

1. 鼓励女儿多结交朋友

网络少女大多都是独来独往，她们没有什么朋友。对这样的孩子，父母要多鼓励女儿结交朋友。一旦她体会到与朋友相处的乐趣，她封闭的心就会打开，慢慢地她就会热衷于人际交往，而不再痴迷于网络。

2. 尽量多抽时间陪伴女儿

许多父母常年在外做生意，只顾着挣钱。还有的父母则是将大把大把的时间花在打麻将和逛街上，与女儿接触的时间不过就是饭桌上的片刻时间。父母经常不在身边，女儿会感觉到自己不受重视，进而会把空虚的心理发泄在网络上。因此，父母应尽量多抽时间陪伴女儿，让她体会到生活中的乐趣。

3. 让女儿融入家庭活动中

在周末或者假期，父母可以组织一些家庭活动。比如，一家人去郊外野炊、一家人去外地旅游、一家人去逛街，最简单的就是一家人一起吃一顿饭。在现实生活中，许多父母忙得没有时间与女儿吃一顿饭。对此，父母要反省自己的行为，抽出时间让女儿融入家庭生活中，尽量多让女儿体会到生活的乐趣。

第8章

克服人性的弱点,培养女孩的责任心和自信心

教育家认为,"成功的家教造就成功的孩子,失败的家教造就失败的孩子"。从这个意义上讲,家庭教育决定女孩的命运,父母对于孩子的成长起着决定性的作用,尤其是在青春期这一关键时期,父母更需要重点引导。

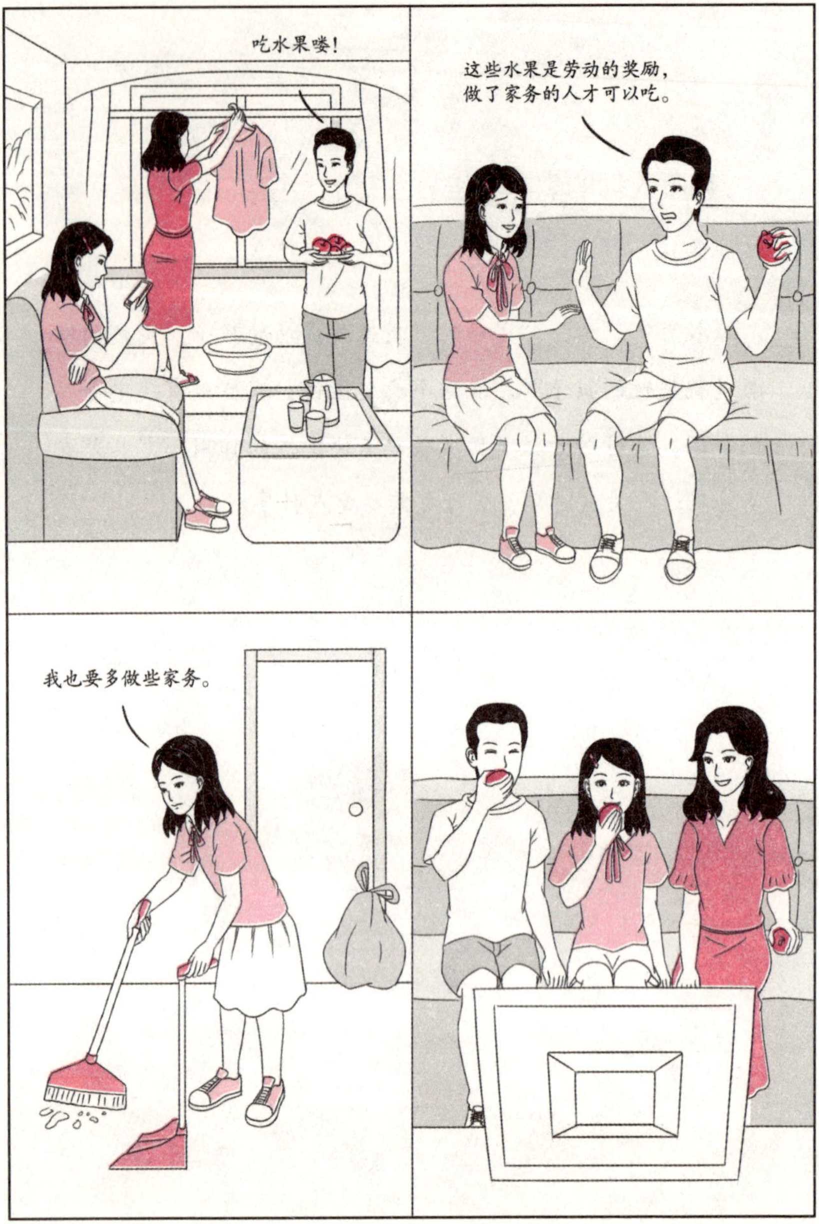
吃水果喽!
这些水果是劳动的奖励,
做了家务的人才可以吃。
我也要多做些家务。

第8章
克服人性的弱点，培养女孩的责任心和自信心

"我很自卑"——赋予女孩自信心

家长的烦恼

小乐是一名初一的女同学，她长着一对会说话的大眼睛，白白净净，头发有些自然卷曲，成绩还不错。不过，就是性格内向、十分腼腆，在人前不苟言笑。上课时从来不举手发言，即便老师点名要她回答问题，她也总是低着头回答，声音很小，而且满脸通红。

下课除了上厕所之外，总是静静地坐在自己的座位上发呆。老师让她去和同学们玩，她只会不好意思地笑一下，依然是坐着不动。平时在家里她总把自己关在屋子里，不和朋友们去玩。遇到周末的时候，父母想带她一起出去玩，或是去朋友家里做客，她也不去，甚至连自己的爷爷、奶奶家她也不愿意去。

小乐身上的现象，在许多青春期女孩子的身上多少都有所体现，这些都是自卑的表现。自卑，就是一个人严重缺乏自信，常常认为自己在某些方面或各个方面都不如别人，经常用自己的缺点与他人的优点进行比较。自我评价过低，瞧不起自

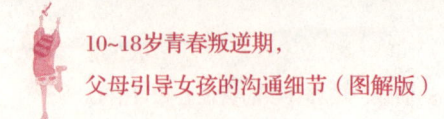

己，这是一种人格上的缺陷，一种失去平衡的行为状态。

心理学家认为，自卑经常以一种消极的、防御的形式表现出来，比如妒忌、猜疑、害羞、自欺欺人、焦虑等，自卑会让人变得非常敏感，经不起任何刺激。假如一个孩子被自卑心理所笼罩，其身心发展及交往能力将会受到严重的束缚，才智也得不到正常的发挥。

心理支招

女儿产生自卑心理，基于多方面的原因。有的是父母能力较强，对女儿期望过高，往往会让孩子产生自卑感，生活在这样的家庭里，女儿总认为"爸爸、妈妈什么都行，我什么都比不上他们，怎么努力都没用"；有的则是家庭不完整，容易让孩子产生自卑感，生活在破裂家庭中的孩子，得不到父母足够的爱，觉得自己是被社会抛弃的孩子；有的父母采用粗暴、专横的教育方式，严重地伤害了孩子的自尊心，往往会让孩子产生自卑心理；有的是父母自身有自卑情绪，平时总说"我不行"，潜移默化地影响了孩子，使孩子产生自卑心理。

1. 避免苛求女儿

父母要帮助女儿建立自信，克服自卑心理。父母对女儿的要求应与孩子的实际能力和水平相适应，不能苛求孩子。若她取得了好成绩，父母应及时表扬、鼓励，让孩子对自己充满信心。对于那些成绩稍差的孩子，父母应予以关心和安慰，帮助孩子分析原因，总结经验和教训，给予孩子耐心地指导，一步步提高孩子的成绩。

2. 给予女儿一定的心理补偿

消除女儿的自卑心理，父母要善于发现她的优点和缺点，并为孩子提供发挥长处的机会和条件，让孩子学会理智地对待自己的短处，寻找合适的补偿目标，从中吸取前进的动力，将自卑转化为一种奋发图强的动力。

3. 采用小目标积累法

许多孩子产生自卑感，往往是由于对自己要求过高，将自己已经取得的成绩忽略了，她只是沉浸在大目标无法实现的焦虑中，心理上就经常会笼罩在悲观、失望的阴影中。对此，父母可以帮助女儿制定一个能在短时间实现的小目标，引导她向前看，从已经实现的小目标中得到鼓舞，增强自信。随着小目标的实现，不但会形成一个实现大目标的动力，而且会让她形成足以克服自卑的信心。

4. 丰富女儿的知识

生活中，父母经常会发现当许多孩子一起交谈的时候，别的孩子说得滔滔不绝、绘声绘色，而自己的孩子却只是在一边听，一言不发。这是什么原因呢？这主要是由于孩子的知识面不同，有的孩子见多识广，有的孩子知识面较为狭窄。而那些知识面较为狭窄的孩子更容易自卑，父母需要有意识地帮助孩子丰富知识，开阔孩子的眼界。

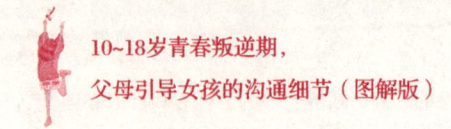

5. 引导女儿交朋友

自卑的孩子大多比较孤僻、不合群，喜欢把自己孤立起来。而良好的人际关系会为孩子提供必要的可以倾诉的朋友，有利于孩子自身压力的减缓和排解，性格也会变得乐观起来。而且孩子在与人交往的过程中，会更加客观地评价自己和他人。父母要多鼓励孩子交朋友，并教她一些社交技能。

6. 引导女儿正确地面对挫折

女儿在生活中难免会遇到失败和挫折，而失败的阴影是产生自卑的温床。对此，父母需要及时了解她的心理变化，并予以指导，帮助女儿及时驱逐失败的阴影。父母可以帮助孩子将失败当作学习的机遇，分析失败的原因，从失败中学习和吸取教训。也可以帮助孩子将那些不愉快、痛苦的事情彻底忘记。

7. 帮助女儿获得成功经验

当女儿成功的经验越多，她的期望值就越高，自信心也就越强。对于自卑的孩子来说，父母要帮助她建立起符合自身情况的抱负，增加成功的经验。当孩子遭遇困境，心生自卑的时候，父母可以引导孩子去做一件比较容易成功的事情，或者参加自己感兴趣的活动，以消除她的自卑感。比如，当孩子在考试中失利了，不妨让其在体育竞赛中找回自信。

8. 尊重女儿的自尊心

有的女孩子自尊心较强，如果做错事情，自己就会很内疚。如果这时父母再冷嘲热讽，一顿责骂，就会严重伤害女儿

第 8 章
克服人性的弱点，培养女孩的责任心和自信心

的自尊心。孩子就会破罐子破摔，表现越来越差。所以，当孩子做错事情，父母应关心、理解孩子，只要孩子知错能改就行了。这样孩子就会排除消极情绪，变得越来越自信。

"这不是我的错"——让女孩勇于承担责任

家长的烦恼

暑假的时候，家里为女儿报了一个百科知识讲座，有时候父母忙，就建议女儿自己去听。但是，她从来没独自去过一次，每次我们问起来，女儿总是面不改色、心不跳地说："老师不让我学。"

有一次，女儿和小表妹一起打扫卫生。女儿扫地速度快，小表妹干活的速度较慢。女儿在打扫客厅时，让挡在她前面的小表妹让路。小表妹让路的速度慢了一些，女儿就直接恶作剧地用扫帚将小表妹扫走了。小表妹来向我告状，我找到女儿，问她事情的经过及原因，她说完后，让我大吃一惊。从孩子口中说出的一大段话竟没有一句是承认自己错的，而将错的原因推到了"她自己速度太慢了"，我紧接着问："难道你就没有做错吗？""这根本不是我的错。"看着孩子坚持的眼神，我心里真的很失望：孩子怎么了？她的责任心都到哪里去了？

进入青春期，女孩子的身体、生理都日趋成熟，她们开始从一个小女孩成长为一个大姑娘。在她们身上，也逐渐显露了成熟女性的素质，其中，有责任感就是最重要的一个素质。随着年龄的增长，心智上的成熟，让女孩们慢慢地意识到自己的责任所在。作为一个青春期女孩，虽然并没有像成年女性那么多沉重的负担，但是，责任一直围绕着她们。作为一名学生，她们的职责是学习，如果她在学校迟到、早退、逃学，这都是不负责任的表现；作为一个女儿，她的责任是孝顺父母、赡养父母，如果她总是与父母对着干，让父母痛心，那么这也是不负责任的表现。最重要的是，在女孩的成长过程中，把自己应该做的事情做好，她就是一个有责任感的女孩子。

不懂得负责，不懂得责任重要性的孩子永远也长不大。而那些凡事都能够做出一番成就的人，都是懂得为自己的过失买单并且敢于承担责任的人。所以，父母应该努力把孩子培养成一个负责任的人。当孩子们能够主动、自觉地尽职尽责，就可以获得满意的情感体验；相反，当孩子没有责任心，不能尽责的时候，就会产生内疚和不安的情绪。

心理学家认为，责任心是健全人格的基础，是未来能力发展的催化剂，更是孩子们成长所必需的一种营养，它能够帮助孩子成长和独立。只有懂得自己的责任，学会负责，孩子才有了前进的动力；只有认识到自己的责任，孩子才知道自己应该做什么以及怎么去做。

第 8 章
克服人性的弱点，培养女孩的责任心和自信心

心理支招

没有责任感的女孩子，她一定不会成为一个成熟的女性。责任感是一种来自心理上的成熟，有责任感、敢于担当，这样的女孩子才会受人赞扬。责任感也是每一个成功者必备的素质，当女孩怀着高度责任感去生活、学习，就会让她表现得更加优秀、更加卓越。

1. 让女儿学会对自己负责

一个女孩只有懂得尊重自己的感情，尊重自己的理想，珍惜自己的年华和生命的活力，才能从自己的理想出发来安排现实生活。责任心的培养是一个人成熟的标志，父母应该让女儿明白，无论做什么事情，都是为她们自己。如果她什么也没有做好，没有得到大家对自己的认可，那么她就是对自己不负责任，最终影响的还是她自己。

比如，女儿的大部分责任是学习，假如学习不够认真，那就是对自己不负责任。此外，父母需要告诉女儿，对自己负责还包括对自己所做的事情负责，凡事能够自己做的事情都应自己去做，包括穿衣、洗脸等，只有女儿从小养成对自己所做事情负责的良好习惯，才有可能慢慢学会对父母、朋友、老师等有关的人和事负责。

2. 引导女儿学会善待他人

关心他人、善待他人，这是培养女儿对家庭和社会的责任

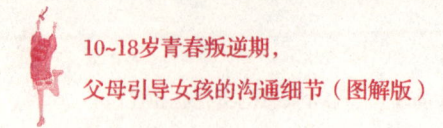

心的基础。在日常生活中，引导孩子关心老人、病人和比自己小的孩子；当爷爷、奶奶生病的时候，引导她学会照顾他们；知道朋友的生日，并在生日那天给朋友送上一份生日礼物。

3.让女儿学会反省

心理学家认为，女儿需要适时反省。当孩子们在分析问题的时候，只会考虑到别人的过错，总是为自己找借口，这有可能会导致她们缺乏责任心。遇到了困难不能解决，就把责任推到父母头上去；学习成绩不好，就把责任推到老师头上去。这些都是不良的行为习惯，父母需要告诉女儿：任何一件事情，首先应该反省的是自己，分析自己的过失、对错，明白自己在这件事中应该负什么样的责任。

"我坚持不了"——培养女孩的意志力

家长的烦恼

月月正在上初一，平日里她的想法比较多。她一会儿对妈妈说："我看见同学文文在学小提琴，我觉得看起来好高、大、上，我也想去学，妈妈，你支持我吧！"女儿想学习，这可是好事！于是，妈妈张罗着报了名，为女儿买了一把崭新的小提琴。谁料，学了不到半个月，女儿就直嚷嚷："好难学，

第 8 章
克服人性的弱点，培养女孩的责任心和自信心

我不学了……"妈妈责怪说："你这孩子，怎么这样，做事情总是个三分钟热情……"

没过多久，月月又跟妈妈说："妈妈，家里买个跑步机吧，你也知道我现在长胖了，我想减肥了。"这次妈妈没有马上答应，而是说："买来放家里当摆设吗？这样吧，你先每天坚持去公园跑步30分钟，如果你坚持了一个月，我就给你买。"月月兴奋地说："成交。"可没过多久，月月就因喜欢睡懒觉而放弃了跑步练习，妈妈很庆幸当初明智的决定。不过，对于女儿月月做事缺乏意志力的状态很是担忧。

坚持不懈地做一件事，需要较强的意志力。孩子的意志力是需要培养的，尤其是对于兴趣很容易转移的孩子，培养她的意志力更是刻不容缓的事情。现在，许多孩子稍微遇到一点儿困难就选择放弃，这对于他们未来的成长是极为不利的。因此，培养孩子坚持不懈的意志力应该从小做起。

孩子缺乏意志力主要表现在做事缺乏计划，想什么时候去做就什么时候去做，想什么时候放弃就什么时候放弃；做事情经常半途而废，不知道为什么要坚持下去，也不知道怎么样坚持下去。父母作为孩子的领航人，需要引导孩子认识意志力的重要性，并积极地培养孩子坚持不懈的意志力。当然，这是一个循序渐进的过程，也需要父母拿出自己的耐力。意志力对于孩子的成长很重要，有时候成功其实往往不过是你比别人意志

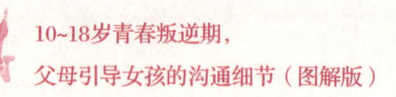

力强了一点儿，坚强地支撑了更多的时间。

心理支招

意志力是成功必备的条件之一，父母要想孩子在未来的人生中取得成功，那么，有意识地培养其意志力是必须做的。如何让自己的孩子有较强的意志力呢？当孩子不愿意继续完成一件事情时，难道打骂她就能解决问题吗？作为新时代的父母，必须摒弃落后的"棍棒"教育，必须坚持不懈地培养孩子的意志力。

1. 对女儿以鼓励、奖赏为主

如果父母能够为女儿设定可行的目标，她做事自然就会来劲儿。比如，当女儿想要某种东西的时候，父母可以要求她先达成一定的目标，当她能够完成这个目标，就把某样东西作为奖品给她。当然，随着孩子年龄的增长，她的要求也会越来越高，不再是小时候喜欢的棒棒糖或者玩具，这时候，父母就要以合理的原则来为女儿制定目标，让女儿自己努力争取。

比如，女儿想去旅游一次。那么，父母就可以有意识地把这一愿望当作奖品，让她朝着此想法完成一个阶段性的任务，可以是一学期的成绩，也可以是学习某种特长。有时候，父母也可以把制定目标的自主权交给女儿，让女儿提出一些要求，至于奖品父母只要觉得合理就可以答应她。

2. 让女儿在玩中培养意志力

爱玩是孩子们的天性，他们往往能长时间地保持玩耍的状态，这其实也是一种较强的意志力。父母应该巧妙地在玩耍中锻炼女儿的意志力，让女儿把游戏当作比赛，以获得成就感来作为奖励。为了让女儿有较强的意志力，父母可以和女儿一起融入游戏中去，你可以在玩的过程中故意出错，让女儿找出错误在哪里，这样她就能集中注意力，长时间地专注某一件事。专注力是意志力的基础，如果培养了女儿的专注力，那她的意志力自然就不会有问题。

3. 培养女儿的广泛兴趣

其实，孩子的兴趣越广泛，就越容易磨炼出她的意志力。一个人的意志力，实际上就是建立延迟满足欲望的能力。在这一过程中，孩子保持了较强的意志力，没有情绪上的波动，她的耐心自然而然地就建立起来了。父母可以安排女儿多参加一些不同类型的兴趣活动，如果女儿喜欢唱歌、跳舞，父母就鼓励她积极参与，女儿在兴趣的激发下愿意接受历练并考验自己。当父母尽可能地把这样一个空间或平台提供给女儿时就是一个良好的开始。

4. 给女儿一个挑战的机会

许多父母认为女儿还是孩子，一些事情可能难以长时间地坚持下去，这也是很正常的。其实，只要父母相信女儿能够做到，并给她一个挑战自我的机会，那么女儿就一定有意志力去

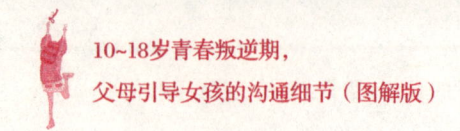

完成这件事情。父母可以选择一些女儿现在做不到、但她们本身有能力做的事情,引导她们去完成,不要随便让孩子轻易地放弃。面对挑战,父母应该与女儿一起制定一个具体的目标,帮助她不断地尝试挑战自我,树立进取心。比如,女儿不喜欢运动,跑步一会儿就停下来了,这时候,父母可以给她制定今天跑多少路程算今天的任务,明天再追加到多少路程,这样时间长了,女儿就有了足够的耐力。

"不会洗衣服"——让女孩做些力所能及的家务

家长的烦恼

婷婷已经15岁了,平时在家里就是典型的大小姐类型。在婷婷小的时候,妈妈觉得女孩子得多宠爱一点儿,家里大小事都不用她帮忙。就这样,直到婷婷15岁了,连最简单的做饭、洗衣都不会,妈妈很是头疼。

这天,婷婷又把放在卧室角落里的一大摞脏衣服抱出来,对妈妈说:"亲爱的妈咪啊,你帮我这些脏衣服洗了吧!"妈妈无奈地说:"婷婷啊,你这么大的人了,也应该学着做点儿家务啦……"婷婷撒娇:"我学来做什么,我不是有你吗?"妈妈叹口气:"这孩子,以后嫁人了,也带着妈妈去给你洗衣

第 8 章
克服人性的弱点，培养女孩的责任心和自信心

服吗？"婷婷毫不在意地说："我可以请个保姆，行了吧！"

一般而言，当孩子在两三岁的时候就可以慢慢地教会孩子学做自己的事情，到五六岁孩子基本就能自理了，再大一点儿就可以帮助父母做一些简单的家务了。"孩子才十来岁，让他做些家务合适吗？"有不少父母表达了自己对孩子做家务的矛盾心理，他们觉得应该从小锻炼孩子，让孩子做些家务活，但又觉得孩子还比较小，不知道让孩子做些家务是否合适。

教育专家建议，父母应该从小就培养孩子做家务的意识，应该相信孩子会做好，放手让孩子做一些力所能及的家务活，比如，帮父母拿衣物、鞋子、小凳子，如果孩子有兴趣，也可以教会孩子扫地、擦桌子、叠衣服，等等，培养孩子爱劳动的好习惯。而且，在做家务的过程中，孩子本身也会感受到乐趣。

心理支招

父母让女儿做一些力所能及的家务活，可谓是益处多多：

首先，这样有利于培养女儿的自立意识和独立生活的能力。现在，大多数孩子都是独生子女，宠爱孩子的父母会把衣食住行样样都包办了，这样下去会让孩子缺乏应有的生活尝试，生活自理能力也很差，一旦离开了父母就会变得无所适从。父母应该明白让孩子做一些简单的家务活，通过学习一些基本的生活常识，可以增加他们的生活自理能力。

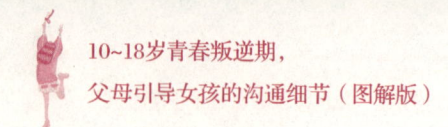

其次，让女儿干一些力所能及的家务活，有利于训练女儿的手脑协调能力，让女儿在手和脑的协调使用中相互促进，可增加孩子动手、动脑的能力。

最后，在帮助父母干家务活的过程中，让孩子体验到劳动带来的苦与乐，丰富了孩子的课余生活；同时也为孩子提供了一个体验父母生活的机会，让孩子懂得感恩，懂得珍惜每一天的生活。

1. 教女儿学会做家务

有的父母认为女儿还小，什么事情都做不了，他们对女儿的一切事情大包大揽。这表面上看是爱孩子，其实是害了孩子，因为总有一天孩子要脱离父母的庇护，展开翅膀自由飞翔。父母要教孩子独立生活的能力，要让孩子知道自己的事情自己做。当孩子上小学的时候，父母就可以教女儿学会做家务，如自己做饭、择菜、洗菜、洗衣服；自己整理房间，自己收拾整理玩具及学习用品，还要帮助父母打扫卫生等。在学习过程中，父母要先示范，然后让孩子在父母的指导下进行操作，直到孩子可以独立完成为止。

2. 陪同女儿参加一些公益劳动

现在社会上都有许多适合孩子参加的公益劳动，这对于培养女儿养成劳动习惯是十分适合的。父母可以在周末或者假期陪同女儿参加社会组织的一些公益劳动，比如植树、除草、扫雪，也可以陪同女儿照顾附近的老人，也可以让孩子为邻居做一些简单的事情，比如发报纸、取牛奶、照顾小朋友。让孩子在劳动中获得快乐，让孩子在劳动中学会帮助别人。

教育专家指出，让女孩子适当地参加家务劳动可以培养孩子的独立生活能力，增强她们的责任感，继而减少孩子的过度依赖性，增强女孩子的独立性。所以，建议父母先从身边的小事开始培养孩子的独立意识，培养孩子独立生活的能力。

"我需要你替我做主"——培养女孩自主的意识

家长的烦恼

小菲最害怕一个人在家里，假如遇到意外情况，小菲就会手足无措、不知道该怎么办才好。每次和爸爸上街，她总是喜欢被爸爸牵着走，若是爸爸让她自己挑选礼物，小菲会说："你觉得哪个好啊？"爸爸觉察到女儿对自己太过依赖，独立自主性太差。

有一天，小菲要去买书包，她问爸爸："是买粉色的，还是买蓝色的？"爸爸说："你自己决定吧，以后只要是买你的东西，都要自己决定。"

在犹太法典上写着这样一句话，"5岁的孩子是你的主人，

10岁的孩子是你的奴隶,到了15岁,父子平等,就没有孩子了"。在犹太人传统的文化里,年满13岁的孩子都要参加隆重的成人仪式,表示自己是真正的犹太人了,需要开始承担宗教义务了。

女孩子具有了自立的性格,才能够快速适应独立的生活。父母希望女孩子放弃对自己的依赖,就需要注重对女孩子自立性格的培养。自立的性格是女孩子学会独立、自主生活的关键,假如女孩子在性格上喜欢依赖父母,不能承担责任,不会独立思考,这都会影响到女孩子以后各方面的发展。

父母希望孩子有个美好的未来,就不能每件事都满足孩子的愿望,这样容易让女孩子产生依赖性,没办法自主、独立地去做事情;这样容易让女孩子害怕遭遇挫折、承受压力,害怕尝试新事物,没办法面对突发的事件。培养女孩子自立的性格,需要父母学会放手,因为女孩子必须学会选择、承担,能够自我服务,不盲目听从他人的意见,女孩子需要长大,需要学会独立。所以,父母不要担心孩子会吃苦,而应是让孩子早日独立、自主地生活。

心理支招

女孩子缺乏自主的个性,主要是因为被过度保护。父母是孩子最强大的保护伞,女孩子只要遇到困难,总是想寻求保护。在这样的保护下孩子就失去了自我判断力、自我抉择能

力、自我思考能力。父母应该明白,最听话的孩子并不是最好的孩子,父母不要随意插手孩子的事情,要把判断和选择的权利交还给孩子。

1. 允许女儿不听话

父母需要允许女儿适当不听话、不讲理,因为这表示女孩子已经具备了独立思考的能力。当孩子不愿意服从父母的命令时,父母需要鼓励女儿说出自己的想法,只要孩子的想法是可行的,就可以按照她的想法做,只有父母放手才能培养出女孩子的独立性。当女孩子不可理喻的时候,父母不妨反思:我说的真的是孩子想要的吗?一个每件事都听从父母的孩子,多数时间只是在盲从他人的意见,并不值得夸奖。

2. 避免给女儿定太多的规矩

假如父母希望培养女儿自立的性格,那就不能定太多的规矩。因为女孩子想要获得独立的性格,需要更多的是自由,父母总是定规矩,那女孩子的个性就会被束缚。比如,想让孩子有很多自主权,父母通常只告诉她:做完作业再玩。后来父母再告诉她:照顾好自己。结果孩子从小到大都做得很好,不会让父母操心。虽然父母没有处处严格管制,但这样的孩子却成为了别人眼中的优秀孩子,给人印象最深刻的是:自立自强。不管是生活还是学习,都能打理得井井有条。女孩子想要自立,就要多一些个人空间以及更大的发展空间,父母减少规定,就会让孩子拥有更多的自己,而自由的氛围是利于孩子

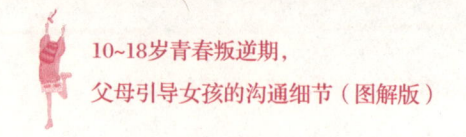

"自我"成长的，也就是自主性的发展的。

3. 避免对女儿进行处罚

假如女儿每次违背规矩都要被处罚，那这处罚就是对女儿心灵的一种打击。如果女儿对处罚生出了恐惧，她就宁愿放弃个性以及自主性了。父母对女儿的坏习惯，不管制不行，管严了也不好，父母需要给女儿提供一个远离处罚的环境。

4. 让女儿对自己负责

独立的个性可以让女儿更积极地管理自己，孩子需要摆脱被动地听话、等着他人来帮自己做决定。通常来说，那些不具有独立性的孩子，不自觉、自律地生活，长大后就会被社会淘汰。父母需要让孩子学会自己的事情自己负责、自己解决，管理好自己的生活。一旦孩子学会了自律，才能更加独立、自主地决定自己的生活方式。

5. 父母不参与女儿的个人事务

对于女儿自己的事情，父母要鼓励她自己解决，别随意插手。尽管女儿的选择有幼稚、不完善的地方，不过父母要清楚，即便再不成熟的决定，那也是女儿自己的决定。只有有了这种自我选择、决断的机会，孩子才会在失败中走向成熟，其个人独立性也会得到有效提升。

第9章

青春叛逆期的沟通方式：与叛逆心很强的女孩的沟通技巧

青春期是一个特殊的时期，心理学家把它称为疾风暴雨时期，这一时期女孩子的情绪波动会非常大，她们有一个非常突出的心理变化，就是自我意识的第二次高涨。面对叛逆心很强的女孩子，父母该如何走入孩子的内心世界？如何与女孩沟通呢？

你这次的考试成绩为什么这么差？
虽然总分不高，但这次的数学成绩比上次有很大进步啊！
爸爸刚才语气不好，对不起，成绩有波动很正常，下次要努力啊！
女儿真棒！

第9章 青春叛逆期的沟通方式：与叛逆心很强的女孩的沟通技巧

"我是女孩子"——与女孩子沟通，应多夸奖

家长的烦恼

小雯13岁了，她妈妈逢人就说："这孩子，一点儿也不懂事，不听话，一天不好好学习，每天就跟她那些所谓的好朋友混在一起，都不晓得她一天在干什么……"这时，小雯总是阴着脸，不说一句话。她依然会我行我素，从来不听妈妈的话。

遇到亲戚给小雯买衣服时，妈妈也会说一句："别给她买这些，她又不听话，没资格享受这些。"小雯很委屈地说："那我有资格享受什么呢？享受你一天说我的不好吗？既然我这么不好，你为什么还要养我呢？"几句话问得妈妈哑口无言，妈妈也不知道，这孩子究竟是怎么了？

关于怎样教育好女孩子，对每一位父母来说都是很棘手的问题，尤其是面对逐渐变得叛逆的女孩子，许多父母真是没辙了。打也打了，骂也骂了，可就是不见效果，孩子总是不听话。其实，随着年龄的增长，孩子愈来愈叛逆，凡事都喜欢和父母唱反调，而且你越是打骂她就越嚣张。有父母抱怨"我已经管不了她了"，难道问题真的有那么严重吗？

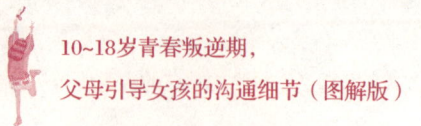

心理支招

父母要想教育好女孩子,就要在孩子面前多夸夸她的优点。俗话说,"好孩子是夸出来的",这也是无数父母从亲身实践中总结出来的经验。女孩子"叛逆",是青春期女孩子的一个特征,父母需要循循善诱,切不可与她发生正面冲突。如果你还是沿用"棍棒"教育,让孩子屈服于你的威严之下,那么,就只会让孩子更加反感,这不仅会影响亲子关系,也会对孩子的一生产生不良的影响。父母应该从另一个角度来看待自己的孩子,多看到孩子的闪光点,进行正面引导,这样孩子就会在夸奖赞扬中逐渐改变那些不良的习惯,而且还能够树立起自信心和上进心,形成良好的行为习惯。

1. 对女儿以赏识教育为主

当今社会,随着社会的进步,人们的观念发生改变,许多父母都认识到了"棍棒"教育带来的弊端,并逐渐对孩子施以赏识教育。的确,赏识教育作为一种新兴的教育方式,它主要是赏识孩子的行为结果,以强化孩子的行为;是赏识孩子的行为过程,以激发孩子的兴趣和动机。

赏识教育是一种尊重生命规律的教育,它逐渐调整了无数父母家庭教育中的"功利心态",使家庭教育趋向于人性化、人文化的素质教育。父母在家庭教育中,应该摒弃落后的"棍棒"教育,取而代之以赏识教育为主,这样才有利于培养女儿良好的行为习惯。

2. 多发现女儿身上的闪光点

一个孩了可能会很叛逆，也可能学习成绩很差，此时，父母不要只看到女孩子的缺点，忽视了她的闪光点。每个女孩子身上都有闪光点，只要父母是个有心人，一定是能在生活的点点滴滴中发现的。可能她比较叛逆，但乐于助人；她语言能力还可以，还可以自己编故事；她的绘画也很不错，所画的作品还在班上展出过呢。这样一想，你就发现夸奖孩子其实并不难。

只要孩子有一点点进步，做父母的都不要忽视，要给予真诚的表扬。"你今天一回家就开始写作业了，这个习惯真好，我相信你会天天这样做，对吗？""今天你跟爷爷说话时用了'您'，语气也比以前更有礼貌了，很不错！"。长此以往，你会发现女儿在一次次的夸奖中变得越来越有自信了，学习的兴趣也一天比一天浓厚了，行为习惯也一天比一天好了。

3. 对女儿说话时要注意语气

随着年龄的增长，女孩子的自我意识越来越强，她也有自己的自尊心，也有自己的面子。但许多父母还是会把她当作什么都不懂的孩子，想对孩子说什么从来不考虑自己的语气。这时候，女孩子是比较敏感的，父母稍微有不耐烦的口气，孩子也能感觉到，她会觉得自尊心受到了伤害；如果父母当着许多人的面数落孩子的缺点，这更会让孩子觉得无地自容。所以，在任何时候父母都要注意自己对孩子说话的语气，以夸奖、激

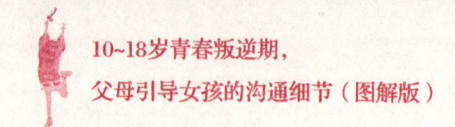

励为主，切忌语气太重了。另外，在外人面前也千万不要数落女儿的缺点，这会让她感到自卑。

4. 对女儿的成绩予以大方的夸奖

有时候，女孩子取得了不错的成绩，父母心里虽然也很高兴，但总是会给孩子浇一盆冷水"这次成绩还行，可你同桌比你考得还好呢"，这样一个转折一下子就把女儿的自信心毁灭了。对于女孩子来说，她们的心理还很简单，她只希望得到父母的夸奖，如果父母有一点点微词，她就觉得没有了自信心，进而产生自卑的心理。所以，当女儿取得了成绩，父母千万不要浇冷水，要给予大方的夸奖，增强女儿的上进心。

5. 对女儿的夸赞也需要适度

当然，"好孩子是夸出来的"并不是完全绝对的正确，教育孩子一味地靠夸奖也是远远不够的。而且，有的父母更是坚持"孩子都是自家乖"一味地娇宠，这样对孩子的成长也是极为不利的。无论是夸奖还是批评都应该是适度的，父母不能把女儿捧得老高老高，一不小心摔下来了，孩子和父母都是承受不起的。好孩子是夸出来的，父母更要拿捏好"夸"的度，这样才能培养女儿良好的行为习惯。

"我需要被理解"——沟通从倾听女孩的心声开始

> **家长的烦恼**

一天,女儿放学回家后若无其事地告诉妈妈:"今天上午上数学课的时候,我居然睡着了。"上课的时候居然睡觉!妈妈听到这话就生气了,责备说:"上课时睡觉,你说我辛辛苦苦地挣钱供你读书,我都做啥了,你要这样做?"女儿有些委屈:"我觉得困了就小眯了一会儿,醒来时看见老师正在讲课,我都不知道自己睡了多久,也没人叫我。""睡觉,睡觉,我让你睡觉!"妈妈开始拿着鸡毛掸子打女儿,只听见女儿的哭声。

过了一周学校开家长会,老师向妈妈反映:"孩子很喜欢上课时睡觉,当着全班同学的面都批评过她好几次了,她还是这样,一点儿也不改进,希望你们可以敦促一下。"妈妈回到家,对女儿又是一顿打骂,女儿挂满泪水的脸上有一丝幸灾乐祸的笑容。

常常听到女孩子这样抱怨:"父母根本不理解我们的需要,他们想说的就说个没完,而我想说的他们却心不在焉。"女孩子有着这样的烦恼是普遍存在的。其实,女孩子的内心有着许多想法,她们也有欢乐、有苦恼、有意见,如果父母没能主动走进孩子的内心世界,女孩子有了意见没能得到及时的交

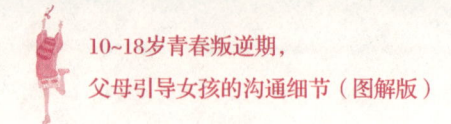

流，那么父母与孩子之间的鸿沟就会越来越深。

父母埋怨"女儿不理解自己的一片苦心"，女儿也抱怨"父母根本不了解自己"。孩子在这一阶段已经逐渐有了自己的内心小世界，由于惧怕、害羞等多种原因，她们会封闭自己的内心世界，不会轻易向父母吐露自己的内心想法。这时候，就需要父母主动走入孩子的内心世界，倾听孩子的所思所想，读懂孩子的烦恼与快乐，真正成为孩子的知心朋友。

心理支招

心理学家认为，父母与女儿之间的沟通，女儿是掌握着主动权的，因而有的父母就会说："她心里有什么想法，那也得开口向我说，否则我怎么能走进她的内心世界呢？"其实，女孩子心中都有一定的惧怕心理和羞涩心理，自己即便是有一些想法，她也不会主动告诉父母，而是需要父母诱导才说出来，或者需要父母通过自己的方式来了解，走进她的内心世界。教育专家认为，要想走进女儿的内心世界，就要和女儿交朋友。

1. 主动与女儿的老师沟通

有的父母没有主动与女儿的老师沟通的习惯，他们认为女儿在学校就应该是学校的责任，如果女儿有了什么事情，老师会主动联系自己的。其实，每个班级那么多学生，老师根本不能顾及每一个学生，这就需要父母主动与老师交流。这样，父母不仅能及时了解女儿的学习表现和思想状况，还能够积极主动地配合老

师，及时帮助女儿改正存在的问题。

2. 冷静处理女儿的过错

明明知道女儿做错了，父母也应该保持冷静的心态，冷静地处理女儿的犯错行为。这时候，如果父母的情绪失控就意味着中断了自己与女儿的谈话，在女儿内心她是不希望看到父母失望的，一旦父母表现出过分的失望和担忧，就会造成女儿隐瞒真实想法的严重后果。所以，当女儿犯了错误，父母要为女儿设身处地地着想，为女儿分忧，不要对女儿的所作所为大肆发表自己的意见或者大声指责，这样女儿就会对父母说出自己内心的想法和秘密。

3. 了解女儿的内心世界

有时候，女儿并不愿意向父母坦白自己的想法和意见，甚至也不愿意与自己的好朋友交流，她们喜欢写成作文或日记。这时候，父母可以从女儿的作文和日记中了解她的内心世界。当然，看女儿的作文和日记，一定要征求她的同意，毕竟日记是女儿的隐私，公开内容是需要勇气的。这需要父母理解。

4. 与女儿成为朋友

父母要想主动走进女儿的内心世界，就要与女儿进行密切接触，消除距离感，成为"零距离"的知心朋友，这样女儿才会把自己的一些想法、做法告诉父母。如果女儿不把父母当作高高在上的父母，而是当作一个可以交心的好朋友，就不会对父母保留自己的秘密。

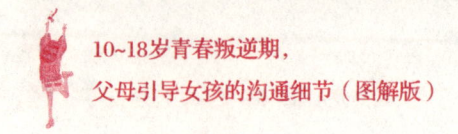

5. 重视女儿的内心需要与感受

父母需要重视女儿的内心需要与感受，体会女儿的心声、苦恼，鼓励女儿表明自己的想法和感受。有时候，女儿的一些行为可能不被父母认同，但是孩子内心的感受父母应试着去理解。父母要知道，女儿对事物的感受或心理活动往往比她的思想更能引发她的行为。所以，父母应该重视女儿的感受，并对她的感受认真加以理解和评价，这样会促使女儿在你面前展露一个真实的内心世界。

6. 给女儿战胜困难的勇气

当女儿面对没有做过的事情，或没有把握的事情，或者面对困境和挑战的时候，最希望得到父母真心的鼓励。告诉女儿"你能行！""不要怕！""再加把劲儿！""你是个勇敢的孩子！""要有点儿冒险精神呀，宝贝。"可以鼓励女儿勇敢面对，大胆进取，不断努力和尝试。

7. 认可女儿的观点和行为

女儿往往希望可以从大人那里得到认可，但我们似乎总是让她失望。告诉女儿"你的看法有道理！""你一定有好主意！""你的想法呢？"而不要轻易否定她的看法和想法，不要驳斥她的意见，学着鼓励女儿的意见，表达出自己的心声，让她按照自己的想法去做做看，去试探一番，宁愿她从中得到教训，也不要轻易否定她。没有试过，你怎么知道自己一定就比孩子高明呢？

8.珍视女儿的进步

随时看到女儿的进步,并及时给予赏识,会让孩子重新建立做好事情的勇气和信心,否则会让女儿失去前进的动力。对于女儿任何的一点儿进步,都应该及时给予鼓励和称赞,欣慰的对女儿说"你长大了"或者"不要急,慢慢来,你已经有了进步""你一点儿也不比别人笨,妈妈每次都能看到你的努力和进步"。这些足以让女儿看到你对她的重视,产生"一定会做得更好"的勇气和信心。

"不要总说为了我好"
——给女孩与自己平等沟通的语境

家长的烦恼

女儿总是抱怨:"从小到大,我听得最多的一句话就是,都是为了你好。这句话就好像一句咒语,父母总是打着爱的旗号,限制着我的自由和独立。"

只要女儿一不听话,妈妈就开始训斥:"我辛辛苦苦赚钱,做那么多辛苦的事情,还不都是为了你好?你怎么就这么不听话?妈妈一心为你好,可你呢?还反过来让妈妈生气,真是太让我伤心了。"当女儿做错事情,妈妈又开始训斥,"你

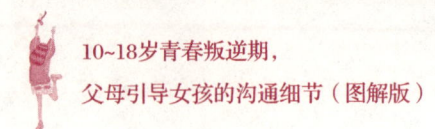

以为我愿意骂你、惩罚你吗？还不都是为了你好。骂你、惩罚你是为了让你知道你做的事情都是错的，让你知道悔改，让你知道以后该怎么做。"

女儿被逼急了，就会大叫："我不要你为了我好，我最讨厌你说这句话！"

在教育子女方面，父母容易陷入一个误区，不管女孩子在想什么，不管女孩子的意愿，而一味对孩子进行批评式或灌输式的教育。如果父母永远站在权威、强势的位置上，就不能理解孩子的想法和意愿，一厢情愿得认为自己"为了孩子好"，总是命令、强压、威胁、以暴制暴，这样反而容易激起女孩子的逆反心理，引发激烈的反抗。事实上，要想改变这种现状，就要给孩子和父母平等对话的语境，做孩子的好朋友、好伙伴。只有这样，才能使家中的沟通氛围更和谐温馨。

心理支招

父母总是说，"我都是为了你好"。这些话实际上是沉重的，它带给孩子更多的是一种压力和负担。这些话如此斩钉截铁、不容辩驳，女孩子一点儿小小的反抗都被视为是大逆不道，让孩子只能带着内疚感去顺从。父母对女孩子的任何批评的话语再加上这一句"都是为了你好"之后就变得理所当然了。许多女孩子的天性就会因此被扼杀，最终按照父母认为应该的路线去规划、去发展，做他们认为对的事情。

1. 征询女儿的意见

当父母制订关于女儿的某项计划或制定规则的时候，最好听听她的意见。无论是"每天晚上只许玩半个小时的游戏，9点以前睡觉"，还是"暑假去参加某某兴趣班或夏令营"事先都最好能征求女儿的意见，对于她参与制订的计划，女儿会更有执行的兴趣和信心、耐心。不要安排女儿的一切，问她"这周末想要怎样安排？"如果孩子太小，不妨给出选择"是去游乐园还是去爷爷、奶奶家？"

2. 倾听女儿的想法

父母与女儿所处的地位不同，与女儿所关心的内容不同，想法往往也不一样，父母认为好的，不一定是女儿想要的；父母认为正确的，不一定是女儿认可的，听听女儿的想法与观点，对于女儿合理的想法和意愿，应放手让女儿去独立完成，或者设法满足女儿的合理要求。对于女儿不合理的想法，要先用心聆听，然后给出合理的建议，再让女儿自己去选择，哪怕她在尝试中会摔跤。多问问女儿"你是怎样想的？""说说你的主意？""你觉得这样解决怎么样？"这样才能培养女儿的开放性思维，提高女儿分析问题、具有开创性想法的能力。

3. 与女儿多互动

在大多数的家庭教育中，父母永远处于主导地位，女儿永远处于被动地位，不管父母的命令和斥责是多么没有道理，也只能被迫接受。事实上，父母不一定都是正确的，应该尊重女儿作为一个独立个人的思想和意志，让家庭沟通变成一个双向的、互动的过程，父母可以影响孩子，孩子也可以影响父母。父母应多做出自我批评和自省，用语言和行为给孩子树立榜样。少说些"大人说话，小孩别插嘴""按照我说的去做"，多告诉女儿"妈妈也有错""我们也有责任，忽视了你的感受""你有什么想法，说出来听听"会让女儿更重视、更尊重你。

4. 允许女儿申辩

无论女儿做错了什么，请允许她进行申辩，并不要把这些申辩看成是狡辩、强词夺理，当然如果女儿任性，不讲道理，必须要坚持让女儿道歉。申辩也是一种权利，不能要求女儿俯首帖耳，这样的孩子没有前途。发现女儿不合你意，或者做错了事，应该首先思考到底谁出了问题，听听女儿的理由，而不能一味地训斥和责骂。不允许女儿申辩，不但不能使孩子心服口服，还会使她滋生抵触情绪，为说谎、推脱责任埋下恶根。女儿申辩本身是一次有条理地应用语言的过程，也是交流的过程，听听她的理由，也许你会觉得孩子这样做并没有什么错。当然申辩不等于强辩，如果发现孩子有推脱责任，强辩的倾向，应该坚持让她认识到自己的错误。

总之，父母应学会平等地和女儿交流，不权威俯视，也不强势压迫和命令，先倾听，然后尊重，实现平等。只有这样，才能让孩子更服气，家庭氛围也能更融洽。

第9章 青春叛逆期的沟通方式：与叛逆心很强的女孩的沟通技巧

"你真正了解我吗"
——与女孩沟通之前先要了解她

家长的烦恼

放学路上，女儿一张苦瓜脸，无论妈妈怎么说，她就是不说话。妈妈憋不住了，因为刚才老师向自己反映说女儿上课总是和同桌聊天。妈妈生气了，对女儿不分青红皂白就责备："听说你上课总是跟同桌聊天？你怎么回事儿呢？妈妈这么辛苦到底是为什么呢？你为什么总是做一些令妈妈伤心的事情呢？"女儿一脸委屈："我没有，我只是……"孩子还没来得及说完，妈妈就喊道："你只是什么？只是上课说话吗？你为什么总是喜欢为自己找借口呢？难道做了错事，还理直气壮地为自己找借口……"

回到家，女儿在日记本上写了这样一段话：今天我感到很难过，因为妈妈在不了解真相的情况下就批评我。她也不问我为什么要这样做，就直接说我不对。其实当时是老师讲到了一道难题，同桌觉得没理解，就小声询问我，我当时就是给她讲解清楚。没想到就这样一件小事，老师冤枉了我，妈妈也冤枉我，难道我真的做错了吗？

"你了解自己的女儿吗？"许多父母在被问到这个问题时，几乎都会给予肯定的回答："当然了解！"俗话说，"知子莫若父"。每一位父母在一定程度上都是了解自己的女儿的，并且他们能够说出一些女儿的特点。因为从女儿出生起，父母就是孩子最亲密、最值得信赖的人，所以，父母可以肯定地说"我很了解自己的女儿"。但是，父母自己的看法却是不够全面的，有着很多偏差，以至于出现"察子失真"的现象，这究竟是什么原因呢？

在现实生活中，许多父母经常与女儿在一起，却对女儿的一些行为表现熟视无睹或者视而不见，大多数父母忙于自己的事业发展，为生活琐事所累，他们很少有时间来观察女儿、了解自己的女儿，所以，在父母心中并没有形成对女儿正确、全面的认识。其实，了解女儿才是教育孩子的前提。如果父母对自己的女儿都缺乏一定的了解，那又何谈教育呢？

心理支招

英国教育家、思想家洛克指出，"教育上的错误比别的错误更不可轻视，教育上的错误正如配错了药一样，第一次弄错了，决不能弄错第二次，到第三次再去补救，它们的影响是终身改变不了的"。家庭教育也是一样的道理，父母是女儿的第一位老师，担负着教育女儿的责任，这时候，父母首要的任务就是观察并了解自己的女儿。

1. 充分了解自己的女儿

有的父母觉得自己天天与女儿在一起，对她难道还不够了

解吗？其实，许多父母对女儿的了解还停留在表面上，并没有细心地观察，他们的了解并不细致，也不够深入，没有从整体上把握女儿。父母可以在下班后，与女儿进行交谈，建立信任关系，观察女儿的情绪、性格特点、兴趣爱好，充分、全面地了解女儿。

2. 判断女儿切忌片面性

有的父母观察了女儿的行为，但他们总是带着片面的心理来判断女儿，对女儿的想法、行为以及做事判断得都不够准确。有的父母看到女儿某些方面很迟钝，就认为女儿很"笨"；有的父母觉得女儿唱歌不错，就觉得应该让她学习唱歌，父母这种片面的判断，对女儿的成长极为不利。

3. 经常与女儿聊天

在现实生活中，不少家庭普遍存在着与孩子的谈话不足的问题。许多妈妈与孩子每天的谈话都少于30分钟，爸爸则更少，他们把更多的时间用于购物或者看电视。其实，作为父母，养成与女儿谈话的习惯非常重要。这有利于培养女儿乐观开朗的心理素质，减少和预防心理障碍的发生。而且，父母在与女儿的谈话过程中，还可以通过对女儿语言举止的观察，了解女儿在这一成长阶段表现出来的特点。

4. 观察女儿与同龄孩子的异同

除了观察自己的女儿以外，父母还要善于观察与自己女儿同龄的孩子。同龄孩子的身体、智力、心理的发展特点都是类

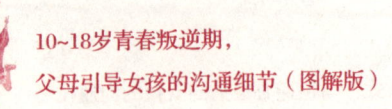

似的，如果自己的女儿较之同龄人沉默寡言，这说明她有心事了，或者显得比较早熟。同时，父母还可以制造一些情景，比如带着女儿参加有同龄人参加的活动，观察女儿与同龄人的不同，了解女儿的行为特点。

其实，女儿就在身边，关键是父母要做一个有心人，要通过女儿的一举一动、一个表情，或者是一句语言，了解她的心理、情绪，全面了解女儿，把握女儿内心深处的想法，从而对女儿进行有针对性的教育，促进她个性的发展。

"你就只关心我的学习吗"
——鼓励和微笑才是最佳的沟通方式

家长的烦恼

妈妈有些望女成凤的迫切心情，平时最关心的就是女儿的学习。每天女儿高高兴兴、蹦蹦跳跳地背着书包放学回来时，总是兴高采烈地喊上一句："爸爸妈妈，我回来了。"在书房里忙活的爸爸应了一声，妈妈则板着脸问："今天学习怎么样？布置了哪些作业？最近考试没有？考得怎么样？"在妈妈连珠炮般的追问下，女儿一张笑脸变成了苦瓜脸，悻悻地提着书包进屋学习去了。时间长了，女儿就会有意地避开妈妈，放

第9章
青春叛逆期的沟通方式：与叛逆心很强的女孩的沟通技巧

学回来也不像以前那样兴高采烈地高声呼唤他们了，而是偷偷地溜进自己的房间，有时候甚至还会把门锁上。隔着房门，妈妈也是语气冰冷地问："这次考试怎么样？"只听传来女儿闷闷地一声"嗯"。

离期末考试越来越近，妈妈感觉到了女儿与自己的距离也越来越远了，女儿更少说话了，总是一副郁郁寡欢的样子，有时候还发现早上她会偷偷地抹眼泪。妈妈问她，她也不吭声，妈妈慌了，女儿这是怎么了？

许多父母都很关心女儿的学习，眼睛总是死死地盯住女儿的学习成绩，每天就像例行公事一样冷冰冰地问候女儿"今天学习怎么样""考试了吗，考得怎么样"，望女成凤的心切让他们忽视了对女儿健康的重视，尤其是女儿的心理健康。每天父母都在问女儿的学习情况，是否有父母会问"你今天过得快乐吗"，即使女儿本来拥有愉快的心情，在父母冷冰冰的语调下，以及板着脸的注视下也会消失得无影无踪。

于是，父母抱怨"女儿越大越不听话，连父母的话都不听了""感觉到女儿与我有了很深的隔阂，也不像以前那样跟我亲近了"，问题的根源就是父母的微笑太少了、责备太多了；鼓励太少了、批评太多了。当女儿想与父母进行有效地沟通时，父母却关紧了自己那扇心灵之门，只留给女儿一张毫无表情的面孔，试问，女儿还会与你亲近吗？

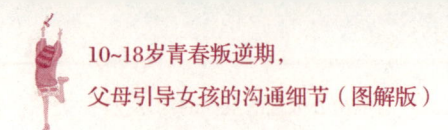

心理支招

心理学家研究发现，良好的性格是感受和创造快乐的基础，注重培养女儿快乐的性格，有利于女儿健康成长。女儿需要父母的微笑、需要父母友好的态度，而不是公事化的语调或者毫无表情的一张脸。有时候，当父母在抱怨"女儿开始疏远自己"时，很大程度上都是源于父母对待女儿的态度。

虽然作为成年人的父母，可能会有许多生活和工作中的烦恼，但是在面对女儿的时候，请对女儿多一些微笑，走进女儿的心灵深处，了解她的思想，把你的快乐传递给孩子，缩短与女儿之间的心理距离。

1. 营造和谐愉快的家庭氛围

有的家庭，气氛比较容易紧张，父母总是板着一张脸，为了一点点小事就吵架。心理学家认为，在这种家庭环境中长大的孩子，容易疏远父母，甚至容易出现不良的行为。家庭对于女儿来说是一个温馨的港湾，一个可以嬉笑玩闹的地方，愉快的家庭气氛，可是使女儿养成乐观、积极向上的性格。同时，增加了父母与女儿之间的亲密度，因为父母那友好的笑脸能给予女儿信任与温暖。所以，父母之间互敬互爱，多对女儿笑笑，家庭就能充满欢声笑语，对女儿来说这是非常有必要的。

2. 在女儿面前控制好自己的情绪

有时候，父母也会因为工作和生活上的一些烦恼而愁眉

苦脸，这时候，为了女儿健康成长，需要努力控制好自己的情绪，面对女儿时露出笑脸，让她感染快乐的情绪，与自己亲近起来。许多父母自己有了烦恼，就会对女儿大吼大叫，冷着一张脸，说话也是冷淡的语调；有的父母在女儿犯了错时，控制不住自己的情绪，对女儿施行打骂教育。这样时间长了，女儿就会逐渐远离父母，与父母之间的隔阂也会越来越深，根本不利于父母与女儿之间的顺利交流。所以，在女儿面前，父母需要努力控制自己的情绪，多给女儿一点儿微笑，多一些鼓励，这样女儿与你的距离就会越来越近。

3. 多一些微笑与鼓励，少一些责备与批评

家庭教育是教育的重要部分，家庭教育的方式也成为重中之重。父母对女儿要多一些微笑与鼓励，少一些责备与批评。责备越多，女儿所受到的心灵伤害就越大，她的内心就会对父母增加防御与反抗，父母与女儿之间的距离就会越来越远。所以，父母要改变自己家庭教育的方式，给女儿多一些微笑与鼓励，少一些责备与批评，做女儿最亲近的知心朋友。只有这样，在女儿的成长路上，你才能走进女儿的心灵世界，读懂女儿的真实内心。

第 10 章

青春叛逆期学习引导：要培养女孩良好的学习习惯

怎样让孩子觉得学习是一件轻松的事情，这需要父母做引导。让孩子感觉学习很轻松，解决一道难题会很有成就感，孩子渐渐地就会对学习产生浓厚的兴趣，甚至不用父母监督就会沉醉在学习的乐趣中。

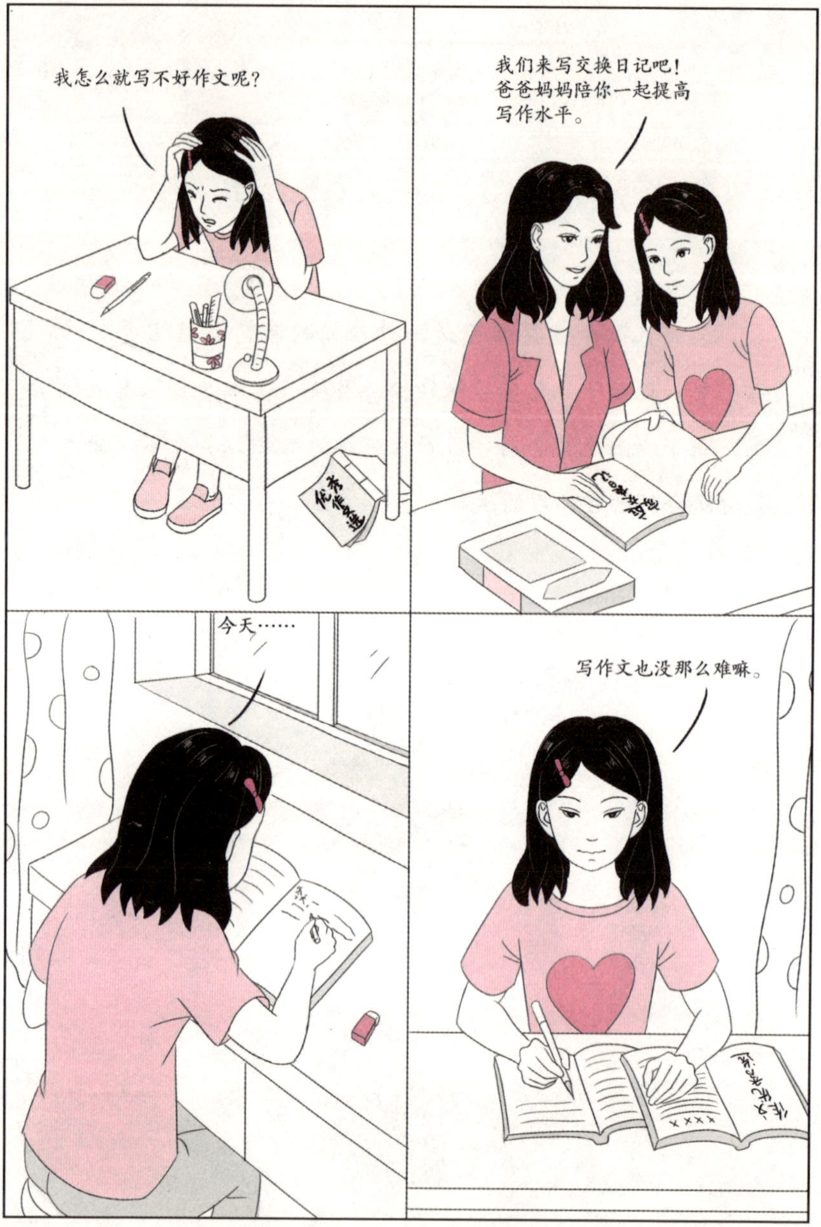
我怎么就写不好作文呢？
我们来写交换日记吧！爸爸妈妈陪你一起提高写作水平。
今天……
写作文也没那么难嘛。

怎么提高学习效果——帮女孩制订高效的学习计划

家长的烦恼

周末,妈妈和爸爸带着女儿回了外公家,还没有走进家门,女儿就向外公怀里扑了过去。外公用胡须扎了扎小孙女的脸,笑着说:"咱们外孙女长大了,现在是小学生了,再也不是那个爱哭哭啼啼的小娃娃了。"女儿摸着外公的胡须,外公抱着她。"小学四年级第一学期吧?"女儿点点头,外公继续说道,"这时候很重要,开门第一炮,打算期末考试考多少分呢?全部考100分外公可有奖励呢。"小孙女好奇地看着外公:"什么奖励?"外公放下她:"你想要什么,外公就给你买什么,好不好?""好,这可是您说的啊,不许反悔哦。"女儿向妈妈跑去,一边喊着:"妈妈,妈妈,我要考100分,我要考100分。"妈妈搂着女儿,笑着点点头。

对女儿来说,考100分就算是一个目标,然而,需要达到这个目标则需要一份完整的学习计划。制订有效的学习计划,有助于女儿养成良好的学习习惯。按照科学的学习计划行事,可以让孩子的学习与生活节奏分明,一旦养成了习惯就会形成条件反射。在学习时就能安心学习,在课余时间就会自觉地去参加活动,这些都会成为自觉的行为,时间长了,就会养成良好的学习、生活习惯。而且,学习计划是有科学性的,当女儿知道自己如果再多玩一个小时,多聊一个小时,那就会让自己计划里的某项任务完不成,那这项任务会给自己整个学习带来影响,那她就会克制自己想玩的欲望。

几乎每一位父母都关心女儿的学习,希望女儿能全面地掌握知识,但有的父母却不得要领,事必躬亲,不见成效。实际上,父母作为女儿的领航人,应该帮助其制订可行的学习目标和学习计划,以兴趣作为孩子最好的老师,让她在愉快的气氛中学习。

心理支招

面对女儿的学习问题,有的父母觉得她还小,没有必要拟订什么学习计划,任由她们自由发展就行了。有的父母虽然帮助女儿制订了学习计划。但学习计划却往往不能成功地施行。主要原因在于他们的学习计划不合理,不是太空泛,就是太具体。

那么,父母应该如何引导孩子制订学习计划呢?

1. 引导女儿制订学习计划

许多父母抱怨孩子太累,要看、要学的东西太多了,每次面对课本都会感觉无从下手,其实造成这种现象的最大原因就是女儿学习没有计划性。制订一个学习计划可以快速提升她

的学习效率，让女儿在有限的时间里最大限度地完善自己的不足之处。比如，制订日计划和周计划，将计划与课本内容相结合，每天哪个时间段看什么课本，在多长的时间内应该看完这本书，多久的时间来进行复习，看到什么样的程度之后需要通过做题来检验。

2. 引导女儿合理安排哪个时间段该做什么事情

举个例子，某同学每天学两个小时的数学，这对她而言是合适的学习时间。但在一次考试中，数学成绩开始下滑，那么她会从现在开始每天用三个小时来学习数学吗？当然不会，因为她不可能长时间地保证每天用三个小时学数学而不感到厌倦，一旦自己对学习感到厌烦了，学习成绩就会下降。父母应该明白这个道理，告诉女儿坚持实施计划，就是保持过去适合自己的学习时间不动摇，一次的考试成绩并不能否定你之前制订的有效的学习计划，只有每天按照自己制订的计划坚持做下去，才能实现自己的目标。

3. 让女儿将短期计划和长期计划相结合

当女儿在开始学习之前，父母都需要为她制订一个短期和长期相结合的学习计划，短期计划，比如将 3 个小时的自习时间分成若干个时间段，将每个时间段做哪个科目制订好计划；长期计划，比如看课外读本计划，半个月的时间看完一本书，每天看几页，一天中的哪个时间段适合看书，这些都需要写在学习计划里。

4. 指导女儿早晚预习和检查自己的学习计划

父母可以引导女儿每天早上醒来，躺在床上闭着眼睛，想想这一天有哪些事情要做、哪些章节要看、哪些习题要写。把这一天的任务都规划好，然后按照自己的计划去严格执行。晚上睡前检查一下，今天的计划是不是都完成了，完成的结果是不是让自己都很满意。就这样，每一天、每一周、每一个月，早晚规划和检查自己的学习计划，定能提高女儿的学习效率。

5. 让女儿做时间的"小主人"

同样是一天，不同的人会有不同的效率。比如，有的孩子善于科学地安排自己的学习时间，学习和生活安排得井井有条；有的孩子却相反，整天瞎忙，学习和生活毫无规律可言。对此，父母要指导女儿清楚自己一周之内需要做的事情，然后制订一张日作息时间表，在表上填一下非花不可的时间，比如吃饭、睡觉、上课、娱乐，等等。然后选定合适且固定的时间用来学习，留出足够多的时间来完成老师布置的阅读和作业。

当然，当父母引导女儿制订好一份学习计划之后，还需要及时调整。当计划执行到某一个阶段的时候，需要检查她的学习效果，并对原计划中不合适的地方进行调整。而且，计划制订之后需要坚决执行，否则前面所做的就是无用功。对于那些喜欢拖拉的女孩子而言，坚持执行计划是极具挑战性的。

老师讲的孩子印象不深——帮助女孩做好课前预习

家长的烦恼

这些天爸爸出差去了,妈妈担负起了辅导女儿艳艳功课的任务。可是,让妈妈感到困惑的是每次辅导艳艳写作业,都会发现艳艳对白天所学过的知识感到很陌生。妈妈问女儿:"上课的时候有没有认真听老师讲?""有,可是我听不懂。"女儿一本正经地回答。妈妈又问道:"听不懂为什么不问老师呢?""老师下课就走了。"女儿显得很无辜。妈妈不得不临时当起了老师,把她不懂的知识重新讲解一遍,这时候艳艳才明白了,妈妈还要辅导女儿完成作业,直到晚上快10点了才做完。最后,妈妈叮嘱艳艳,明天上课可要认真点儿,可不料第二天放学回来后艳艳对老师所讲的知识还是一知半解,妈妈有点儿生气了,难道老师没有讲清楚吗?

其实,并不是老师没讲清楚,而是孩子疏于课前的预习。在课堂中,老师讲授的新知识,都是在学生现有的知识水平的基础之上进行讲解的,由于课堂的时间有限,老师也不会提供太多的时间让学生去思考。在这种情况下,如果学生对老师所讲述的知识一无所知,势必会难以理解老师所传授的知识,即便能够理解一些,对于学生来说也是很有难度的。这样一来,孩子的学习就处于被动的位置，所接受的知识也很有限，自然也就会降低课堂效率。

很多父母都有同样的担忧，即使老师已经放慢了教学速度，孩子们还是普遍反映自己理解起来很困难。其实，这时候孩子刚开始接触系统知识的学习，本来就有一定的难度，而教材的改革也给他们的学习带来了不小的挑战。因此，在这种情况下，父母要帮助孩子做好预习工作，并让孩子养成预习的良好习惯，这对于孩子今后的学习生涯是十分有益的。

心理支招

女儿在学校学习的时间是有限的，如果她能坚持预习，就能养成自学的好习惯。女儿课前把那些原本不会的学会了，掌握了新知识，对新知识进行积极地思考，时间久了就会养成良好的学习习惯，提高了自学能力，在以后的学习生涯中，就会觉得越学越会学，越学越轻松。学习成为了一种能力，自然也就不用父母操心了。

1. 帮助女儿养成预习的良好习惯

父母要帮助女儿养成预习的好习惯、刚开始的时候，父母需要有点儿耐心，告诉她怎么样预习、什么时间预习、预习哪些内容，还可以适当地提出几个问题，让她带着问题去预习。长时间的指导之下，女儿就会把预习当作学习的一部分，养成预习的良好习惯。这时候，她就会觉得听老师讲课没那么困难了，也能体会到轻松学习的乐趣。

2. 教会女儿预习的方法

父母还应该掌握预习的方法，通过这些方法慢慢引导女儿，让她能够独立地完成预习。预习并不是把老师即将要讲的知识粗略地浏览一遍，这其实只是预习的一个步骤。预习主要是让她知道哪些知识是看得懂的，哪些知识是不能理解的，哪些地方感到困难，哪些地方觉得有问题，这样才能有效地做好预习。

（1）浏览。引导女儿首先浏览一遍新知识，阅读文本教材，阅读下面的注释，浏览课后的练习。也就是在正式学习之前浏览教材，了解教材的结构和知识的内在联系，预习每一个知识点。

（2）查阅工具书。面对那些不理解的知识，要让女儿学会查阅工具书，扫清阅读障碍。因为在新知识里，必定或多或少地存在令她不理解的知识点，这时候就需要她在预习时用笔勾画出来，并通过查阅相关的工具书进行注释。

（3）思考。预习并不只是用眼睛看一遍，父母可以在预习前给女儿提出几个问题，让她带着问题预习，带着问题思考。对于一些简单的问题，父母可以讲解给女儿听。若是一些有难度的地方，父母可以告诉她明天老师讲解的时候需要认真听，找到相关的答案。

刚开始的时候，父母带着女儿一起预习。把方法教给她。

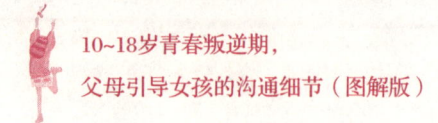

后面，父母就可以以辅导者的身份指导女儿。久而久之，她就能独立完成预习工作了。

孩子对某一科特着迷——治疗女孩偏科的小"偏方"

家长的烦恼

罗妈妈眉头紧皱，她讲了自己担忧的一件事——

我女儿在八九岁的时候，就对乡下田地里的碎瓷片很感兴趣，经常捡一些回家收藏。之后，还买了许多陶瓷的书籍阅读，我们都觉得她在这方面很有天赋。

进入初中之后，她对青铜器和古文字的研究更是到了痴迷的程度，常常一个人关在房间里看考古方面的书籍。面对她的语文成绩很突出，但英语和数学却相对表现出弱势，拖了后腿，我真的很替她着急。她现在的成绩在重点中学的录取分数线上下，由于受到数学成绩的限制，以后想考好大学很困难。我们一家人都为此担忧，希望孩子能提高数学和英语成绩，但孩子很坦率"我就喜欢考古，不喜欢数学和英语"。我真不知道该怎么办了？现在模拟测试成绩出来了，由于数学和英语的牵绊，孩子的分数离重点中学还有很大的一段距离，恐怕是她空有一技之长，也是深造无门啊。

父母在关注孩子的学习情况时，无意中会发现一个有趣的现象：他们做有些科目的作业速度很快，轻松自如；而在做另外一些科目的作业时，却总是磨磨蹭蹭，拖拉半天连本子都没打开。

每每到了这个时候，父母就会忍不住生气了："怎么总是这样拖拖拉拉？"意识到孩子这门功课不太好，就想方设法地给孩子找老师辅导，但是，现实情况依然是"老黄牛拉破车"，没多大进步，难道是孩子太笨了吗？

其实，造成这种情况的原因并不是因为孩子太笨了，而是孩子偏科。有数据显示，大约有21%的小学生有偏科现象，到了高中，偏科学生的人数更是上升到了80%。对此，教育专家提醒，孩子的偏科应越早发现越好，只要父母能正确引导，找到孩子科目弱势的原因，就可以避免把早期的学科弱势发展成偏科。

华东师范大学资深心理咨询师陈默这样说道："要纠正偏科，先要搞清楚引起孩子偏科的原因，然后对症下药。只有这样，才能取得好的效果。有些先天弱势可以通过家长的正确引导来纠正，否则只会在偏科的路上越走越远。"

心理支招

父母应该明白，造成女儿偏科的原因是多方面的：首先是她的心理因素，由于父母过多地表扬和无意识的暗示，女儿产生了认识偏差,认为自己只要某科学得好,别的都不重要。在青春期,由于个体的差异,有的女孩子在逻辑和抽象思维方面没有形象思维发展快,会出现偏科现象;其次,女儿在学习过程中没能把每科的知识点细化,一旦学习有难度,她就会逐步失去对该学科的兴趣;最后,女儿不能跟随老师学习,不能理解老师所讲述的知识点,不能完成作业,这些都有可能造成偏科。

1. 不要给女儿偏科的心理暗示

许多父母在发现女儿偏科现象的时候,会忍不住说"啊,英语确实太难了""我以前读书时也总是作文写不好",如此一来就会给她偏科的心理暗示。可能有的父母只是想给女儿一点儿鼓励,告诉她自己曾经也遇到过同样的困难。但是,对于学习阶段的女孩子来说,这样的话很可能会给她带来偏科的心理认同教育,暗示女儿"偏科真是没办法纠正",将加重她的偏科程度。

2. 对待女儿的偏科现象要明确态度

作为父母,对女儿偏科的态度是什么?其中,有20.93%的父母选择了"完全不能接受,孩子必须全面发展",58.14%的父母选择了"一定程度上可以接受,甚至一定条件下鼓励偏科",其余的父母则选择了"凭孩子自由发展"。心理学家认为,父母持有什么样的观念,决定着父母在纠正女儿偏科中的角色。

3. 培养女儿对弱势学科的兴趣

"兴趣是最好的老师",有的女孩子偏科就是对该学科缺乏兴趣。对此,父母应想办法培养女儿对弱势学科的兴趣,多给她讲这个科目在现实生活中应用的事例,让她从心理上自觉消除厌恶感和抵触感。

4. 联合女儿偏弱学科的老师共同鼓励她

另外,你可以找女儿偏弱学科的老师认真谈一次,让老师鼓励她学好这门功课。告诉女儿"老师跟我说,其实你学英语挺有天赋的,因为你的记忆力很好",如果老师能关注她,那么,一定会收到"春雨润物细无声"的效果。

为什么她的理科学不好
——增强女孩对理科的"免疫力"

家长的烦恼

一对母女走进了心理咨询室,母亲开口诉苦说:"女儿一直以来就偏好文科,不喜欢理科,马上上高二了,快分班了。以前,她的理科成绩再差也是及格的,但现在越来越差了,数、理、化三科的分数加起来也不及格,我真是急死了。"心理咨询师询问:"那你对你女儿的偏科有什么看法呢?"母亲

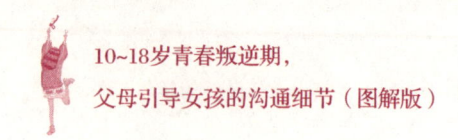

不以为然地说:"老实说,作为母亲,我也是一个女人,我理解她,我本身也是学文科出身的,我觉得女孩子读理科太累了,读文科相对来说要轻松很多,将来走入社会工作起来也轻松。"

听了母亲的话,心理咨询师说道:"看来,一直是你们做父母的引导,使得你女儿的偏科越来越严重。"母亲一脸茫然:"这怎么能说是我们引导错误呢?本来,理科对于女孩子来说就是一道难关,学不好理科,那是因为她是女生,逻辑思维不行,女孩子更擅长文科,我也是这样考虑的,所以,才引导她以后在分科时选文科。我也是依孩子的情况而定,难道我的引导真的有错吗?"

难道我引导女儿学文科真的有错吗?母亲的疑问也反映出大多数父母的困惑。在人们传统的思维中,似乎女性更多地应选择教师、文秘、新闻、艺术等职业,而学理科不是很适合女性,尤其是跟体力有关的工科。在中学校园里,理科班大多是男生,只有寥寥几个女生做点缀,女生大部分被定义为"文科生"。之所以说女生"被"定义为文科生,是因为长期以来,社会对于女孩子应学文而排理的认知。

一位刚上高一的女生这样说:"班主任说上了高中后最大的难关就是数、理、化,理科一直是我的弱项,这下子我更恐惧了,听说女生上高中后理科学得不如男生,导致总成绩下降，真的是这样吗？"这位高一女生的忧虑反映了大多数青春期女孩子的心理。而在这样的情况下，父母对于孩子的引导也起了误导的作用。许多父母不忍心孩子吃苦，总觉得"女孩子学文科就差不多了，没必要去读理科"。父母的这一观念让女孩子更害怕理科，偏科现象更严重。

在传统观念里，女生擅长学文科，而理科则是男生的天下。但是，教育专家却认为，"女生更有学理科的优势，相对于男生，女生贵在能够沉下心来，记忆力好，虽然反应可能不及男生快，但只要将勤补拙，学习理科不会比男生差，尤其在准确率方面，女生会高过男生"。

心理支招

一位高中物理老师在教学两年中，总结出这样一段话："工作两年多了，我发现班里的女生物理成绩明显不如男生，是什么原因呢？并不是高中女生变笨了，而是存在部分的性别差异和心理差异。从生理上看，男女生在智力相同的条件下也有不同的智力特点，男生的逻辑思维、抽象思维占优势，而女生擅长于形象思维。而物理等理科需要靠的恰恰是逻辑思维，因此，女生在学习理科时会存在一定的困难。从心理上来说，高中女生敏感多愁，情绪稳定性差，她们存在一定的自卑心理，曾有一位成绩优异的女生告诉我'老师，我很自卑，我觉得什么都不如人家'，在这种心理特点的驱使下，她们觉得理

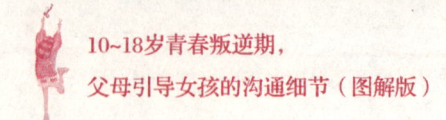

科更加困难，偏科的现象更严重"。

1. 摆正心态，引导女儿纠正偏科现象

女孩子偏文科现象严重，除了其本身的生理、心理特点以外，还在于父母错误观点的引导。许多父母认为"女孩子嘛，就适合做老师、文员之类的工作，没有必要太辛苦"。对此，父母要摆正心态，引导女儿培养对理科的兴趣，比如"理科学好了，可以帮助你掌握一门真正的本领，在生活中是很实用的"。

2. 让女儿学会动手

男孩子为什么逻辑思维、抽象思维那么好，因为男孩子比较调皮，喜欢动手拆东西，组合新的东西。在化学、物理的实验课上，许多女生都是站在一边看男生做实验，自己则只抄一下数据，这样对学习是很不利的。对此，父母要鼓励女儿，不要怕弄坏仪器，要敢于动手操作，告诉她："理科是一门以实验为主的学科，许多知识需要在实践中体会。"

女孩的学习越盯越差——女孩厌学，父母有妙招

家长的烦恼

这些天张先生四处打电话求助，"一向听话的女儿突然就厌恶学习了，真不知道该怎么办才好"。

张先生说:"开学没几天,正在上初二的女儿在一次放学回家后就显得闷闷不乐,也不像往常一样做家庭作业,而是把自己一个人关在卧室里,半天也不出来。张先生推开门,看见女儿趴在床上似睡非睡。就随口说了一句,'还不赶快写作业!'女儿突然对着父亲咆哮了起来,'就晓得催我写作业,我再也不上学了!'张先生一下子惊呆了,平时听话的女儿这时像变了一个人似的,满脸涨得通红,一副怒不可遏的模样。张先生问女儿为什么不想上学,她死活不说,只是不停地嚷嚷'我不想上学!不想上学!'"。

为了弄清楚女儿到底为什么厌学,张先生第一次主动给女儿的班主任打了电话。通过交流得知,女儿最近的课堂表现很糟糕,无精打采,经常在课堂上看漫画书。几位任课老师纷纷反映,她学习很吃力,没办法及时消化老师所讲的内容。末了,班主任给张先生敲了"警钟"。

对于这样的案例,教育专家认为,初二是初中生产生两极分化的关键阶段,课程多了,学习内容增加了,难度也加大了。在这一阶段,学习好的学生开始显山露水,而学习比较被动的学生则容易掉队。张先生的女儿很有可能是由于学习上的挫败影响到心理,而这样的心理又没能得到及时的排解,压力过大而产生厌学心理。对张先生来说,应该细心疏导女儿的心理,让孩子认识到读书的重要性,争取让她自己提出回到学

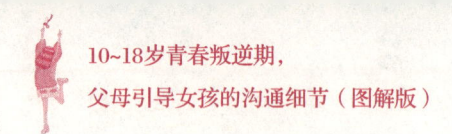

校，如此才能事半功倍。

在现实生活中，许多孩子一提到上学就感觉浑身难受，出现肚子疼、出汗、失眠等症状，到医院做检查却发现孩子的身体没问题。这时候，作为父母就应该注意了：孩子有可能得了厌学症。厌学症是目前青少年诸多学习心理障碍中最普遍的问题，是青少年最为常见的心理疾病之一。

从心理学角度来看，厌学症是指孩子消极对待学习活动的行为反应模式，主要表现为学生对学习认知存在偏差，情感上消极对待学习，行为上主动远离学习。那些患有厌学症的孩子往往对学习失去兴趣，他们没有明确的学习目的，恨书、恨老师、恨学校，严重者甚至一提到上学就表现出恶心、头昏、脾气暴躁、歇斯底里的样子。

心理支招

引发青春期女孩子厌学症的原因很多，大致可以分为主观原因和客观原因：

（1）主观原因。许多女孩子自身比较懒惰，怕苦怕累，总觉得学习是一件很苦很累且很乏味的事情，一看到书本就头痛，总想找机会逃避学习。或者，有的女孩子在学习上付出了很大的努力，但每次考试都不理想，她们就觉得自己不是学习的料，开始厌倦学习。

（2）客观原因。有的是校外娱乐场所，诸如电子游戏室、

第 10 章
青春叛逆期学习引导：要培养女孩良好的学习习惯

网吧等带来的影响。有的则是父母强制女孩子学习，影响到女孩子对待学习的态度。学业太繁重，女孩子每天都沉浸在学习中，没有时间放松，使得她们对学习产生逆反心理和厌倦心理。

1. 降低对女儿的期望

父母总说考试要考第一，但是，"第一"只有一个，不是每个女孩子都可以做到的。因此，作为父母应该正确认识这样的结果。在与女儿交流的过程中，了解她在学习中遇到的困难，帮助她制订切实可行的学习计划。在学习之外，要多与女儿沟通，女儿考试失败了，要对她说"你是最棒的！""你已经尽力了！"帮助女儿重新树立信心。

2. 让女儿体验到成功的快乐

趋乐避苦，这是人之常情。如果女儿在学习上总是摔倒，体验不到成功的乐趣，自然不愿意努力学习，那么，父母可以制造机会。比如，女儿英语比较差，你可以让她先做几道简单的习题，让她轻松完成，在体验到学习的乐趣后，再逐步增大习题的难度。

3. 引导女儿积极地进行自我暗示

那些经常给予自己积极的心理暗示的女孩子往往能避免学习的失败。对此，父母要引导女儿学会积极的自我暗示，经常对自己说一些激励的话。比如，每天早上起来，对着镜子说"我是最棒的""今天又是美好的一天"等。

参考文献

[1] 穆阳.引导青春期女孩全书：10~18岁女孩的父母必读[M].北京：商务印书馆国际有限公司，2012.

[2] 肖骁.10~16岁叛逆期，父母引导女孩的100个细节[M].北京：朝华出版社，2010.